Manual de

Qualidade, Higiene e Inocuidade dos Alimentos no **Setor de Turismo**

Manual de

Qualidade, Higiene e Inocuidade dos Alimentos no Setor de Turismo

Guia de consulta para: funcionários, planejadores, empresários e operadores de turismo. Especialmente recomendado para docentes e estudantes de cursos de Turismo e Hotelaria

ORGANIZAÇÃO MUNDIAL DO TURISMO

ROCA

Traduzido do Original: Manual de Calidad, higiene e inocuidad de los alimentos en el sector de turismo

ISBN: 92-844-0452-5

ISBN: 85-7241-432-0

Tradução:
Cláudia Bruno Galvãn

CIP-BRASIL. CATALOGAÇÃO NA FONTE
SINDICATO NACIONAL DOS EDITORES DE LIVROS, RJ

M251

Manual de qualidade, higiene e inocuidade dos alimentos no setor de turismo : guia de consulta para funcionários, planejadores, empresários e operadores de turismo
/ Organização Mundial do Turismo ; tradução de Cláudia Bruno Galvãn.
– São Paulo : Roca, 2003

Tradução de: Manual de calidad, higiene e inocuidad de los alimentos en el sector del turismo
Especialmente recomendado para docentes e estudantes de cursos de turismo e hotelaria
Anexos e bibliografia
ISBN 85-7241-432-0

1. Administração de hotéis. 2. Restaurantes, bares etc. – Administração. 3. Alimentos - Manuseio. 4. Alimentos - Conservação. 5. Alimentos - Tecnologia. 6. Alimentos - Indústria - Controle de qualidade.
I. Organização Mundial do Turismo.

03-0040. CDD 647.94
CDU 640.4

2003

EDITORA ROCA LTDA.
Rua Dr. Cesário Mota Jr., 73
CEP 01221-020 – São Paulo – SP
Tel.: (11) 3331-4478 – Fax: (11) 3331-8653
E-mail: edroca@uol.com.br – www.editoraroca.com.br

Impresso no Brasil
Printed in Brazil

Índice

Prólogo

Viajar, hospedar-se em outros lugares e comer fora de casa são os principais elementos que diferenciam o turismo da vida do residente e incidem de forma significativa na experiência turística. É possível que, para muitas pessoas, receber um bom serviço num hotel e poder comer fora sejam fatores importantes de motivação para viajar. A qualidade e a inocuidade dos alimentos que são servidos aos visitantes e que as comunidades de destino também compartilham com eles constituem uma das principais preocupações do consumidor em matéria de turismo, e ocupam um lugar importante entre as prioridades dos operadores turísticos e dos fornecedores de alimentos que abastecem o setor.

As recentes reações que a doença das vacas loucas e a epidemia de febre aftosa provocaram na Europa e em outras regiões têm evidenciado o alto grau de sensibilização do público diante dos problemas de saúde que podem ser causados pelos alimentos, embora até a presente data não foram muitas as vidas humanas ceifadas por esses males. Porém, acredita-se ainda que no futuro é muito grande a possibilidade de que possam causar sofrimentos a outras pessoas e que possam provocar também perdas para a agricultura e para o turismo, o que justifica a reação dos consumidores e a adoção de medidas drásticas da parte dos governos.

Mesmo um pouco mais afastada dos holofotes dos meios de comunicação, que se dirigem mais às epidemias repentinas, existe também a preocupação cotidiana pela prevenção de intoxicações alimentares nos lares e nos estabelecimentos onde se servem alimentos. A má qualidade dos mesmos, sua contaminação física, química ou microbiológica, e uma manipulação inadequada podem afetar muitos consumidores, podem ser responsáveis por surtos espetaculares de enfermidades de transmissão alimentar e podem causar danos consideráveis aos produtores de alimentos e aos estabelecimentos de refeições, assim como às empresas e aos destinos turísticos.

Apesar das notáveis melhorias na harmonização de normas e na manipulação dos alimentos, o turismo atual é vulnerável a esse tipo de problemas devido à elevada concentração de consumidores de alimentos em períodos-chaves e aos grandes volumes de produtos alimentícios que devem ser obtidos para o consumo dos turistas, e freqüentemente, importados, conservados, embalados, transportados, armazenados, distribuídos e finalmente manipulados e servidos durante as viagens e nos destinos. Uma falha em um dos elos da cadeia alimentar pode afetar outros elos e multiplicar-se facilmente, principalmente quando se trata da proliferação de genes patogênicos em zonas cálidas e úmidas. Inclusive os próprios viajantes podem transportar consigo elementos patogênicos a destinos longínquos em questão de horas.

A garantia de que os visitantes podem dispor de alimentos e de águas salubres traria benefícios às comunidades locais, desde que os projetos turísticos estivessem fundamentados num conceito sustentável. Um enfoque deste tipo deveria promover também a produção de alimentos e o seu processamento no entorno local, o que contribuiria com a diversificação e a consolidação da economia da região.

A Organização Mundial do Turismo teve sempre grande preocupação com a higiene e a inocuidade dos alimentos nas redes turísticas, e freqüentemente tem promovido, em cooperação com a Organização Mundial da Saúde, cursos e conferências regionais para promover a conscientização das autoridades correspondentes e dos profissionais do turismo a respeito desses problemas, orientando-os para práticas adequadas e fomentando a colaboração nesse âmbito.

Este é também o objetivo do presente manual, que colhe os frutos da experiência anterior da OMT e anuncia a continuidade do compromisso da Organização com o reconhecimento e a promoção de enfoques pragmáticos para abordar a questão da qualidade, da higiene e da inocuidade dos alimentos no turismo.

Madri, abril de 2001.

FRANCESCO FRANGIALLI
Secretário Geral

Agradecimentos

Este manual foi preparado pelo consultor da Organização Mundial do Turismo, Dr. FERNANDO QUEVEDO, Diretor-fundador do Centro Latino-americano de Ensino e Pesquisa de Bacteriologia Alimentar (CLEIBA), Catedrático Principal de Inocuidade dos Alimentos (Microbiologia e Higiene Alimentar) na Universidade Nacional Maior de San Marcos de Lima, Peru. Antes, Chefe da Unidade de Proteção dos Alimentos na Organização Pan-americana da Saúde, Washington D.C., EUA (1969-1984); Assessor Regional e Pesquisador em Inocuidade dos Alimentos, da Organização Mundial da Saúde, Genebra, Suíça (1985-1993).

Na elaboração deste manual, foram utilizados o material didático e as apresentações do Dr. Quevedo para as conferencias e seminários da OMT na Tunísia (1991,1998); Cancún, México (1992); Espanha, Canárias, Madri (FITUR) (1992); Suíça (1992) Itália, Saint-Vincent (1993, 1995); Bahrain (1993); Peru, Lima (1995); Trujillo, Iquitos, Puno (1998); República Dominicana, Santo Domingo (1994, 1998).

Objetivos deste Manual

"O prazer da mesa é próprio de qualquer idade, classe, nação e época; pode harmonizar-se com todos os outros prazeres e subsiste até o fim para nos consolar pela perda dos outros"

BRILLAT-SAVARIN,
A Fisiologia do Gosto
1826, Paris

A Organização Mundial do Turismo tem lembrado, em várias ocasiões, que "sob a ótica da demanda, OMT/Nações Unidas definem o turismo como *a atividade que realizam as pessoas durante suas viagens e estadas em lugares distintos do seu entorno habitual, por um período de tempo consecutivo inferior a um ano, com a finalidade de lazer, negócios e outros motivos"*. Tem insistido também em que "um serviço turístico significa uma vivência que provém de um conjunto de processos".

Entre os componentes do turismo, então, e independentemente dos fins que se perseguem ao realizar uma viagem, há uma série de processos aos quais se deve estar atento, quando se deseja oferecer um Turismo com Qualidade Total. Se um ou mais desses processos não é atendido ou não se realiza com eficiência e eficácia, a qualidade do turismo se ressentirá.

Um dos aspectos, indissoluvelmente ligado ao turismo, é o de serviços de alimentação coletiva oferecidos aos clientes, sejam eles visitantes ou residentes locais. A importância desses serviços de alimentação é de tal importância que se poderia afirmar que eles são um dos processos "críticos" do turismo.

No que se refere ao turismo para lazer ou prazer, há uma série de elementos que o determinam ou o favorecem: o sol, as praias, as montanhas, os rios, os monumentos históricos, acontecimentos religiosos ou lugares de peregrinação, etc. Esses atrativos não são mutuamente excludentes, mas alguns deles podem não estar presentes em determinados lugares. Mas um elemento que não pode faltar em nenhum destino é o da alimentação, seja como elemento de atração especial, ou como atividade essencial indispensável e inevitável. Mas, em qualquer circunstância, entre as lembranças inesquecíveis do viajante que retorna ao seu lugar de origem, encontra-se a dos alimentos que consumiu. E não necessariamente em todos os casos, a condição de inesquecível se deve ao caráter extraordinário dos alimentos, pelo contrário, às vezes a experiência é inesquecível por ter sido desagradável.

Mas, apesar de tudo, nem sempre é dada a devida atenção à qualidade, higiene e inocuidade dos alimentos que são oferecidos. A melhor das viagens ou estada em um destino pode ser arruinada se essas condições indispensáveis não se apresentam nos alimentos do lugar. Cada comensal, e particularmente o viajante internacional, espera encontrar num estabelecimento não necessariamente alimentos extraordinários pelo seu sabor, aspecto e apresentação, mas ao menos alimentos higienizados, que não venham a provocar-lhe nem doenças nem transtornos. Infelizmente, em muitos países, a falta de qualidade e de higiene dos alimentos que são oferecidos aos consumidores em estabelecimentos de alimentação coletiva constitui uma falha freqüente, e nem sempre as autoridades oficiais possuem os mecanismos de controle adequados para superar esta situação.

Por outro lado, a falta de inocuidade dos alimentos é um problema que cresce mundialmente. As Enfermidades Transmitidas por Alimentos e os transtornos causados por alimentos não inócuos constituem o problema de saúde pública mais difundido no mundo. Atualmente, milhões são afetados pelas enfermidades transmitidas por alimentos, e o impacto econômico negativo que elas provocam envolve perdas de bilhões de dólares a cada ano. Como resultado das pesquisas realizadas, sabemos que, infelizmente, são os alimentos servidos por estabelecimentos de alimentação coletiva os que com maior freqüência estão relacionados com os casos de enfermidades transmitidas por alimentos e com os surtos de intoxicações e de infeções alimentares que afetam grupos de pessoas. A alimentação oferecida aos turistas não escapa desse problema. Pelo contrário, os estudos realizados, evidenciaram que as diarréias e outros sintomas transmitidos por alimentos e pela água contaminada afetam um número elevado de viajantes internacionais, tendo em algumas ocasiões, desprestigiado e arruinado excelentes destinos turísticos, desde outro ponto de vista. Esses problemas, e outros que afetam a saúde dos turistas, propiciaram o desenvolvimento de um novo ramo da saúde pública: a "emporiatria" ou medicina do turismo. A importância da inocuidade dos alimentos e do turismo é de tal relevância que motivou que a OMT e a OMS unissem esforços para organizar e realizar grandes conferências regionais sobre o tema, como a que foi realizada em Túnis, em 1991, cujos trabalhos foram publicados pela OMT.

É impossível, então, controlar ou diminuir as enfermidades e transtornos transmitidos por alimentos contaminados e outros problemas gerados pela falta de qualidade, de higiene e de inocuidade dos alimentos que são oferecidos aos turistas? Evidentemente não. Atualmente existem enfoques, métodos e técnicas que permitem a melhoria contínua da qualidade dos alimentos, a melhor forma de higienizá-los, e a prevenção das enfermidades e dos transtornos transmitidos por eles. Mas, como obter informações sobre esses avanços?

Existem vários livros técnicos dedicados à higiene dos alimentos, ou à prevenção das enfermidades transmitidas por eles, para uso dos profissionais especializados na área. Também existe um bom número de publicações sobre o tema, destinados à capacitação dos que manipulam alimentos. Ainda assim, há algumas boas publicações técnicas, para uso dos administradores dos estabelecimentos de alimentação coletiva. Porém, não existem publicações ou manuais compreensíveis sobre estes temas que, sem perder o indispensável rigor técnico ou científico, apresentem a problemática e suas possíveis soluções, com uma linguagem apropriada para aqueles que não são especialistas no assunto mas que, em razão de suas responsabilidades executivas ou laborais, necessitam adquirir esses conhecimentos básicos. Neste caso se encontram os *funcionários, planejadores, empresários e operadores* de turismo, assim como *docentes e estudantes* das escolas de Turismo e Hotelaria, que não são, nem necessitam ser, sanitaristas profissionais de alimentos, mas que devem *obrigatoriamente* possuir os conhecimentos básicos sobre qualidade, higiene e inocuidade dos alimentos, e sobre os modernos sistemas utilizados para garantir essas qualidades, para poder exigi-los ou recomendá-los às empresas que controlam ou contratam, e também a seus clientes.

A Organização Mundial do Turismo, dentro de seu plano de trabalho para promover a Qualidade do Desenvolvimento Turístico, está realizando uma série de atividades para difundir esses sistemas modernos entre todas as pessoas e instituições vinculadas ao turismo. A preparação e a publicação deste *Manual de qualidade, higiene e inocuidade dos alimentos* é uma dessas atividades.

O *Manual* é um compêndio dos conhecimentos mais atuais sobre os problemas suscitados pela falta de qualidade, higiene e inocuidade dos alimentos servidos em estabelecimentos de alimentação coletiva, particularmente os que se encontram nos destinos turísticos, e sobre os enfoques modernos para garantir sua solução. Pela sua natureza são expostos, em número reduzido de páginas, os aspectos mais importantes dos conhecimentos técnicos, científicos e administrativos sobre o tema. Milhares de páginas das regulamentações internacionais, de tratados, de livros e de artigos técnicos e científicos têm sido selecionadas, compendiadas e sintetizadas para poder entregar a leitores tão especiais os conhecimentos básicos indispensáveis para o melhor cumprimento das suas funções. Para quem deseja ampliar ou aprofundar seus conhecimentos em alguns dos temas específicos, se inclui no *Manual* uma relação de leituras recomendadas. Ainda assim, se adicionam alguns anexos, com informação técnico-científica para os que desejam aprofundar seus conhecimentos em alguns tópicos.

Capítulo 1

A Qualidade dos Serviços Turísticos

Qualidade no turismo pode definir-se, do ponto de vista subjetivo, *como a relação entre a expectativa e a realidade, avaliada pela satisfação do consumidor.* Qualidade é o conjunto de traços e características de um produto ou serviço para *satisfazer as necessidades específicas ou implícitas* do consumidor. Um fator muito importante que deve ser considerado para entender a decisão de um turista ao escolher um destino para suas férias é a relação qualidade preço. Mas, também há diversos fatores que incidirão na hora de qualificar um destino e os serviços que oferece, como de excelente qualidade, de boa qualidade, ou sem nenhuma qualidade. A OMT é enfática ao assinalar que "a qualidade se obtêm quando a expectativa do cliente antes da venda do produto coincide com a percepção que ele tem do mesmo depois da venda, ou bem quando a percepção supera ligeiramente a expectativa... se o serviço resultante excede positivamente as expectativas do cliente se pode falar em excelência". No turismo, e também particularmente no setor de alimentação coletiva nos destinos turísticos, qualidade não é sinônimo de luxo. Inclusive, em estabelecimentos modestos, pela sua apresentação, localização ou preços, é possível alcançar uma grande qualidade nos serviços oferecidos, se os proprietários, administradores e funcionários da empresa adotam uma cultura de qualidade. É claro que se a política de qualidade do estabelecimento não é aceita e formalmente declarada pela alta direção, todos os esforços realizados pelos outros estamentos não serão suficientes para alcançar a *qualidade total*, ou nem sequer uma "qualidade razoável".

Uma das preocupações dos proprietários e administradores de serviços turísticos é acreditar, de forma errônea, que alcançar a qualidade é muito caro. Nada mais longe da realidade. É possível afirmar, e com razão, que a qualidade pode definir-se como "a satisfação de todas as necessidades e expectativas legítimas do cliente por um preço aceitável". Por outro lado, se é verdade que alcançar a qualidade tem um preço, também é verdade que o gasto realizado é um investimento que produz amplos dividendos. Isto fica mais evidente ainda quando falamos de qualidade e inocuidade dos alimentos, em relação ao que podemos aplicar a regra *"1/10/100/1.000 ou mais"*, a que afirma que custa 1 dólar prevenir um erro, custa 10 dólares corrigi-lo, custa 100 dólares se o erro é detectado a tempo pelo cliente, mas ele custará 1.000 dólares ou muito mais se o cliente não percebe o erro a tempo e sofre transtornos, adoece ou morre, com as conseqüências econômicas negativas para a empresa que sejam possíveis de imaginar. É possível apreciar facilmente, que todo o que for investido em melhorar ou garantir a qualidade e a inocuidade dos alimentos constitui um excelente negócio.

Sempre se deve lembrar que *"sem alimentos inócuos, higiênicos e de excelente qualidade, e sem o oferecimento da uma dieta racional e balanceada, não pode existir Turismo com Qualidade Total"*.

Ao fazer referência ao turismo e aos serviços de alimentação coletiva é preciso ser enfático em assegurar que principalmente neste setor não devem existir diferenças entre a "qualidade" oferecida aos visitantes – turistas estrangeiros ou nacionais – e a oferecida à população residente. Não podem e nem devem existir "qualidades" diferentes para os clientes, seja qual for o lugar de procedência ou seja qual for o setor ao qual pertencem.

Os conceitos modernos sobre qualidade, controle de qualidade, garantia ou consolidação da qualidade, *benchmarking*, gestão de qualidade total (TQM), etc. se aplicam perfeitamente ao setor do turismo em geral e ao da alimentação coletiva, de forma particular. Pode-se dizer que, independentemente da categoria, do tamanho ou da localização do estabelecimento, o objetivo deverá ser o de alcançar um excelente nível de qualidade nos serviços que oferece ao seu cliente.

Mas no setor de alimentação oferecida ao turismo, ao se fazer referência ao controle de qualidade aplica-se, talvez mais que em nenhum outro, a asseveração de Harrington de que "Controle de qualidade é fazer bem feitas as coisas na primeira vez e depois todas as vezes".

É aconselhável que um estabelecimento de restauração adote, como norma de funcionamento, a filosofia e a prática da *melhoria contínua da sua qualidade*. As ferramentas e procedimentos dessa disciplina lhe permitirão alcançar e manter a *Qualidade Total*.

A Organização Mundial do Turismo, permanentemente preocupada com a Qualidade do desenvolvimento turístico, tem editado diversas publicações sobre este assunto, que deveriam ser adotadas como "livros de cabeceira" pelos responsáveis do setor.

Capítulo 2

Meio Ambiente

Para ser considerado um bom destino turístico, qualquer lugar do Planeta requer ou deveria requerer um bom meio ambiente. Quase se poderia dizer, ou desejar, que turismo de qualidade e um ambiente protegido são sinônimos. A conservação da integridade do meio ambiente é, pois, fundamental para o desenvolvimento e o progresso do turismo. Os destinos turísticos fazem mais sucesso quanto maiores garantias possam oferecer, sobre um excelente meio ambiente e sua proteção.

Um dos temores lógicos que a população local tem quando sabe que nas suas cidades se instalarão centros de atração turística é que suas belezas naturais possam ser destruídas e seu ambiente contaminado, e também que possa desaparecer ou diminuir a qualidade do seu entorno. É indispensável que a indústria turística desenvolva as medidas necessárias para manter e proteger a integridade do meio ambiente.

Infelizmente, são muitos os fatores que provocam danos ao ambiente. Estes fatores não estão necessariamente relacionados com o turismo. Quando na década de sessenta surgiu o livro *A primavera silenciosa*, que descreve um mundo de horror, provocado pelo maltrato ao meio ambiente, iniciou-se uma série de movimentos ecológicos que rapidamente realizou atividades para pressionar instituições públicas ou privadas, para que desenvolvessem projetos de proteção ao meio ambiente. Em 1970, institui-se a primeira "Jornada da Terra", cria-se nos EUA a EPA (Agência de Proteção Ambiental). A Organização das Nações Unidas organiza o Programa das NNUU = CNUMAD para a Proteção do Ambiente (UNEP). Mas nos últimos anos se verifica que a degradação do meio ambiente continua.A ONU decide convocar a Conferencia das Nações Unidas sobre Meio Ambiente e Desenvolvimento, mais conhecida como "Conferência Mundial sobre Desenvolvimento Sustentável" *(Rio 92)* realizada no Rio de Janeiro, Brasil, em junho de 1992. A "Conferência " aprovou o Programa ou Agenda 21, que é a resposta dada pela comunidade internacional com as estratégias para deter e reverter os efeitos da degradação do meio ambiente, "para promover um desenvolvimento sustentável e ambientalmente racional em todos os países".

Na realidade, o meio ambiente humano consiste em elementos muito básicos: o ar que respiramos, a água que bebemos, os alimentos que ingerimos, o clima que rodeia nossos corpos e o espaço disponível para nossos movimentos. Também existimos em um mundo social, espiritual, econômico e político, de grande importância para a nossa saúde mental e física.

O turismo pode, se não forem adotadas as medidas adequadas, atentar contra esse meio ambiente, e destruir a própria base do desenvolvimento turístico no Globo. No que se refere à conservação do meio ambiente, turismo e alimentos, os estabelecimentos de alimentação coletiva devem considerar que os resíduos sólidos e líquidos provenientes da sua atividade podem danificar seriamente o meio se não forem adotadas medidas adequadas. A eliminação ou disposição adequada desses resíduos impedirá que se contamine o ambiente. Também é necessário ter a preocupação de evitar ou diminuir o desperdício de alimentos, crus ou já preparados, tanto por razões ambientais como por motivos econômicos.

Em algumas regiões, como por exemplo no Caribe inglês, o movimento dos "hotéis verdes" cuida bem desses aspectos. A Organização Internacional de Normalização (ISO) tem publicado as normas ISO 14000 para uma adequada gestão do meio ambiente, às quais podem dirigir-se os grandes estabelecimentos turísticos para orientarem-se na conservação do meio ambiente. Seria uma excelente idéia que cada estabelecimento turístico possuísse na sua biblioteca de consulta um exemplar das Normas ISO 14000 e da Agenda 21.

Capítulo 3

A Importância da Água na Alimentação Coletiva

Sem água não pode existir vida. A água doce é um produto natural renovável mas muito escasso; corresponde unicamente a 3% do total do volume de água no mundo (o 97% restante corresponde à água salgada) e esta escassez se acentuará num futuro imediato, em todos os países do mundo. Nos três últimos séculos, o volume de água utilizada para uso humano tem aumentado 35 vezes, enquanto que a população humana tem aumentado apenas sete vezes. Sabe-se que a quantidade de água doce utilizada nos países industrialmente desenvolvidos está se estabilizando, enquanto tem aumentando muito nos países em vias de desenvolvimento. A quantidade anual de água doce consumida *per capita* varia entre 2.000 metros cúbicos ou mais nos EUA, uma média de 500 nos países desenvolvidos ricos, e chega até a escassa quantidade de 20 a 50 metros cúbicos nos países mais pobres. Na realidade, a maior porcentagem do gasto corresponde a uma média global entre 60 e 70% para a agricultura, 25 a 40% para a indústria, e apenas 7% do consumo para usos domésticos e municipais, com as diferenças nas porcentagens conforme o grau de desenvolvimento de cada país. Calcula-se, por exemplo, que no ano 2000 a necessidade de água doce para usos domésticos e municipais será de 16% para a Europa.

As principais fontes de obtenção de água doce são as águas superficiais dos rios, lagos e lagoas que, processadas adequadamente, são colocadas à disposição dos usuários pelas redes de distribuição pública; outra fonte importante são os poços artesianos e fontes naturais como os mananciais. Em diversas circunstâncias ou escassez extrema recorre-se a outras fontes de obtenção, como a coleta da água de chuva, a dessalinização da água do mar, o desgelo de blocos de gelo, a retenção de neblina, etc.

No que se refere ao turismo, é possível afirmar que sem uma adequada provisão de água limpa, potável, este não pode existir. A água doce no setor do turismo é usada para beber, para cozinhar, para a higiene corporal de turistas e funcionários, para a lavagem de roupas, lençóis, toalhas, superfícies, pisos, e para lazer nas piscinas, banheiras de hidromassagem, saunas, etc. Também se usa água doce, embora não necessariamente potável, nos equipamentos de ar condicionado, nos sistemas de refrigeração, piscinas ou fontes ornamentais, irrigação de jardins e de plantas ornamentais, etc.

A indústria turística então deve ter especial cuidado na obtenção de um fornecimento suficiente de água doce limpa, e deve da mesma forma, realizar todos os esforços para evitar seu desperdício. Os turistas também devem contribuir com esta economia, e para isto é conveniente que sejam informados e educados.

À dificuldade causada pela sua escassez se agrega o gravíssimo problema da contaminação da água. Essa contaminação pode ser química ou biológica. As fontes de contaminação da água mais importantes são os esgotos, os efluentes industriais, os dos trabalhos agrícolas e outros resíduos urbanos. O uso de fertilizantes químicos e praguicidas na agricultura resulta na contaminação com elevados níveis de nitrato e de resíduos de praguicidas nas águas doces superficiais. Os esgotos industriais, da mineração e da indústria petrolífera, por exemplo, trazem como resultado grandes contaminações de rios, lagos e da água subterrânea com metais pesados e outros agentes químicos potencialmente perigosos.

Mas o problema das contaminações biológicas da água é crescente e verdadeiramente preocupante, e constitui um dos grandes problemas atuais da saúde pública. Um estabelecimento turístico deve saber que as doenças transmitidas ou relacionadas com a água podem ser agrupadas em: I. doenças associadas com a água para lavagem; II. doenças transmitidas pela água como: cólera, tifo, diarréia, etc.; III. doenças provenientes da água, ou seja, as que são transmitidas por alguns vegetais - como o agrião - que crescem em águas superficiais onde também se desenvolvem certos crustáceos ou outros animais que são hóspedes intermediários de parasitas que podem adoecer o homem; IV. doenças relacionadas com a água parada onde podem desenvolver-se mosquitos transmissores de doenças como a malária, a febre amarela, o dengue, etc; V. doenças dispersadas pela água, como por exemplo pelos ductos de ar condicionado; um caso muito conhecido no mundo do turismo é o da "doença dos legionários".

I. Doenças Relacionadas com a Água para a Lavagem

Estas doenças ocorrem principalmente quando não há água ou esta é insuficiente para cobrir as necessidades mínimas de higiene corporal e de lavagem da roupa. Entre estas doenças se encontram as infeções da pele, dos olhos, etc. Como uma conseqüência adicional da falta de higiene corporal pode acontecer o ataque de piolhos e carrapatos. Também as doenças diarréicas pertencem a este grupo. Alguns estabelecimentos turísticos, especialmente os pequenos, podem sofrer as conseqüências dessa falta de água potável para a lavagem. Muitas vezes as toalhas de mesa e guardanapos, os lençóis, as toalhas, etc., são entregues a pessoas que carecem de adequada provisão de água limpa, e que lavam essas roupas em rios ou açudes com água contaminada. As roupas assim "higienizadas" podem ser transmissoras de perigosas doenças para os hóspedes ou comensais.

II. Doenças Transmitidas pela Água

Estas são as mais conhecidas, e as que mais preocupam ou deveriam preocupar os estabelecimentos de alimentação coletiva. A água que será bebida diretamente ou utilizada na preparação de bebidas ou na preparação ou lavagem de alimentos pode transmitir doenças se foi contaminada previamente com matérias fecais ou com urina do homem ou dos animais infectados por bactérias ou por vírus patogênicos. As doenças diarréicas, a febre tifóide, o cólera, a disenteria, a leptospirose são algumas das doenças que podem ser transmitidas pela água contaminada. Um restaurante ou hotel que não controla a água que utiliza poderá enfrentar graves problemas. Portanto, não se deve utilizar para consumo direto, sem ferver ou sem tratar com cloro, a água de abastecimento público, por mais garantias que a companhia encarregada do tratamento e distribuição da água nos possa dar. Às vezes as conexões cruzadas, o efeito sifão, as caixas sujas, etc., podem resultar na contaminação da água utilizada. Alguns hotéis costumam colocar uma jarra ou garrafa com água nos quartos dos hóspedes. Esta água nunca deveria ser obtida diretamente da torneira. Em estudos realizados em diversos destinos turísticos importantes, tem se encontrado que esta água estava contaminada com uma alta quantidade de bactérias coliformes, o que indica possivelmente uma contaminação fecal. A diarréia dos turistas geralmente tinha relação com a água contaminada servida em hotéis ou restaurantes. Uma das doenças emergentes transmitidas pela água é provocada pelo parasita chamado *Crytosporidium parvum*; este agente é especialmente perigoso pois é resistente ao cloro que se utiliza para tratar a água. Tem-se encontrado, por exemplo, que uma água aprovada nos exames bacteriológicos pode conter uma grande quantidade destes parasitas que causam uma doença cujos sintomas são diarréia aquosa, náuseas, vômitos, dores musculares e, aproximadamente na metade dos casos, febre. Nas pessoas imunocomprometidas a doença pode ser prolongada e fulminante, contribuindo para a morte do indivíduo afetado. Os alimentos também podem transmitir este parasita. São conhecidos alguns episódios nos quais ocorreu a transmissão deste parasita através de aerossóis.

III. Doenças "Provenientes" da Água

A água provê o hábitat para alguns organismos (por exemplo, o caramujo) que agem como hóspedes intermediários de parasitas (helmintos) que passam parte do seu ciclo vital neles. As larvas desses parasitas são infectantes e podem chegar ao homem, por exemplo, penetrando através da pele úmida (esquistossomose), ou ao ser ingeridas juntamente com plantas aquáticas como agrião (fascíola hepática), ou com pequenos crustáceos ou pescados consumidos cozidos de forma insuficiente (fascíola hepática e de pulmão). Em alguns lugares essas larvas infectam um crustáceo aquático microscópico (*Cyclops* ou pulgas-d'água) que podem ser ingeridos acidentalmente após um banho na água doce onde habitam.

IV. Doenças Relacionadas com a Água Parada

Nestas águas se podem desenvolver mosquitos transmissores de males como a malária, febre amarela, dengue, etc. A formação de poças de água, às vezes, resultado de descuido em hotéis, inclusive de alta categoria, transformam seus jardins em viveiros destes insetos. Os mosquitos põem seus ovos na água, e suas larvas e pupas vivem nela até alcançar o estado adulto. Estes insetos adultos podem transmitir diversas doenças como febre amarela, malária, filariose, dengue, encefalite japonesa, etc., que afetam milhões de pessoas em todo o mundo, com taxas de mortalidade elevadas. A água que não está parada também pode permitir, sob certas condições, a reprodução dos mosquitos.

V. Doenças Dispersadas pela Água

Os especialistas assinalam que a maioria das doenças que se incluem nos quatro grupos acima se apresentam fundamentalmente nos países em vias de desenvolvimento, e que as doenças dispersadas pela água afetam principalmente os países industrialmente desenvolvidos. Estas doenças correspondem a infeções cujos agentes podem multiplicar-se na água doce e depois ingressar ao corpo humano através do nariz e condutos nasais. Inclusive algumas amebas não patogênicas podem proliferar em águas quentes e se conseguem entrar no organismo humano, através do trato olfativo, causam uma meningite fatal.

Uma doença desta categoria, que muito preocupa a indústria turística é a chamada "doença dos legionários", produzidos pela bactéria *Legionella pneumophila*. Esta doença ficou famosa em todo o mundo, especialmente no âmbito da hotelaria, por ter surgido pela primeira vez em um grande hotel da Filadelfia em 1976 onde se realizava uma convenção dos legionários (daí seu nome). De repente, vários membros da convenção começaram a ter sintomas respiratórios. Outros sintomas se apresentaram posteriormente. As suas características não correspondiam a nenhuma das doenças conhecidas até aquele momento. Finalmente foi encontrada a causa desse mal. A doença dos legionários foi uma das que teve maior repercussão na imprensa - geral e científica - nos últimos tempos. Os sintomas iniciais incluem mal-estar geral, dor de cabeça e dos músculos, febre, calafrios e tosse. A febre sobe rapidamente num dia, e pode preceder o desenvolvimento de sintomas pulmonares. De 25 a 75% dos pacientes apresentam alterações no estado mental. As complicações podem incluir falha renal, abscessos pulmonares e também infeções extra pulmonares. A maioria dos casos ocorre em pessoas de idade avançada, geralmente com uma história prévia de danos no trato respiratório provocados por infecções; também os fumantes estão mais expostos e os submetidos a terapias que afetam o sistema imunológico. Os microorganismos causadores proliferam em ambientes aquáticos, mornos, e quando águas assim contaminadas chegam aos sistemas de água dos prédios, as "legionelas" se multiplicam e depois podem dispersar-se no ambiente através dos umidificadores, equipamentos de ar condicionado, chuveiros, etc. Para controlar esta enfermidade se recomenda que o sistema de água quente garanta temperaturas superiores a 50°C ininterruptamente; da mesma forma é muito importante a adequada cloração da água.

Precauções que Devem Ter com a Água os Estabelecimentos de Alimentação Coletiva e os Hotéis

No caso de não haver um fornecimento adequado de água potável proveniente dos serviços públicos se deve escolher a melhor fonte - poço artesiano, águas superficiais, etc. - para depois proceder-se ao tratamento da água. Em todo caso, sempre se deverá controlar o cloro residual e periodicamente encarregar laboratórios especializados da realização de controles microbiológicos adequados.

A água que se destina a lavatórios, chuveiros, etc. deverá ter o cloro residual de acordo com o estabelecido pela OMS. No que se refere à água para beber, esta deverá cumprir estritamente o recomendado pela publicação *Guidelines for drinking-water quality* na sua última edição, 1996-1997.

As recomendações são as seguintes:

Para todas as águas que serão usadas para bebida	
Escherichia coli ou bactérias coliformes termotolerantes	Não deverá ser detectada em nenhuma amostra de 100 ml
Águas tratadas na sua entrada ao sistema de distribuição público	
Escherichia coli ou bactérias coliformes termotolerantes	Não deverá ser detectada em nenhuma amostra de 100 ml
Bactérias coliformes totais	Não deverá ser detectada em nenhuma amostra de 100 ml

►

Águas tratadas no sistema de distribuição	
Escherichia coli ou bactérias coliformes termotolerantes	Não deverá ser detectada em nenhuma amostra de 100 ml
Bactérias coliformes totais	As águas para lazer nas piscinas, banheiras de hidromassagem, etc. devem também seguir as recomendações da OMS. Não deverá ser detectado em nenhuma amostra de 100 ml. No caso de sistemas de distribuição com volumes muito grandes, nos quais se examina um número diferente e suficiente de amostras, elas não devem estar presentes em 95% das amostras tomadas em um período de 12 meses.

Capítulo 4

Alimentação

"Convidar alguém equivale a encarregar-se da sua felicidade enquanto estiver conosco"

BRILLAT-SAVARIN, Paris, 1826

Como foi mencionado anteriormente, sem alimentos de excelente qualidade, higiênicos e inócuos é impossível alcançar um turismo com Qualidade Total. Esse é um dos principais desafios para os responsáveis pelo turismo de um país. E esse é um importante campo de trabalho profissional para nutricionistas, dietistas e higienistas de alimentos, e por que não dizê-lo, também é um desafio de grande magnitude para eles.

Devemos recordar também que é um erro, muito difundido, focalizar a qualidade aplicando-a apenas ao turismo internacional (turismo receptor), e de forma particular ao de "lazer". O turismo "interno" deve também ser considerado nestas preocupações com a qualidade. O importante é que não devem existir "qualidades" diferentes de serviços para clientes estrangeiros ou locais.

ALIMENTAÇÃO OFERECIDA AO TURISTA

A alimentação oferecida ao turista nos hotéis, nos restaurantes, nos lugares turísticos, etc., faz parte da chamada alimentação ou "restaurante coletivo". Em alguns países como a França, se distingue entre alimentação social (institucional, por exemplo) e a comercial.

As características da alimentação coletiva lhe outorgam peculiaridades muito especiais, diferentes logicamente da alimentação doméstica, e dos alimentos processados industrialmente.

No que se refere à alimentação oferecida ao turista, é muito importante, e se poderia dizer indispensável, que todo estabelecimento de alimentação coletiva, independentemente de seu tamanho ou classificação, se esmere em preparar e oferecer aos seus clientes os alimentos típicos do lugar, mesmo quando estes não são conhecidos internacionalmente, ou não figuram nas informações sobre os atrativos do destino turístico. Mas não se deve esquecer que cada povo possui uma cultura gastronômica, com valores próprios, e sempre se deve ter a certeza de que a maioria dos turistas ficará satisfeita em conhecer todos ou a maioria dos aspectos da cultura de um lugar, música, costumes, história, arte e, é claro, sua forma de alimentação.

Algumas cozinhas nacionais ou regionais alcançaram fama mundial, seja pelo seu sabor, sua apresentação, ou pelo seu refinamento. Cozinhas como a mediterrânea, a francesa, a chinesa, a peruana, a mexicana, são renomadas no mundo inteiro. A chamada "dieta" mediterrânea tem atualmente uma difusão e um prestígio nunca antes alcançados.

Além de oferecer a alimentação regional, nacional ou local, os estabelecimentos de alimentação coletiva em destinos turísticos devem considerar a necessidade de preparar e de colocar à disposição dos seus clientes dietas especiais quando as circunstâncias o justifiquem. Por exemplo, se o clima do lugar é muito frio ou muito quente, ou de altura muito elevada sobre o nível do mar, os alimentos oferecidos às pessoas não adaptadas a essas condições deverão ser de natureza tal que as ajudem a resistir a essas situações que podem ser estressantes. Por exemplo, em lugares de grande altura, oferecer aos turistas comidas muito abundantes, com alto teor de gordura, etc., favorecerá o aparecimento de transtornos ou de alguns problemas de saúde, que devem ser evitados de qualquer maneira; nestas circunstâncias, mesmo que a dieta dos habitantes deste lugar seja abundante, com gordura, etc., não é aconselhável oferecê-la ou recomendá-la aos clientes, a não ser que tenham passado por um período de adaptação. O mesmo ocorre quando se hospedam no hotel, ou visitam o restaurante, os esportistas que participam de algum torneio; nestes casos, com o aconselhamento dos nutricionistas, deve-se oferecer o alimento mais adequado ao esforço que realizarão. Em lugares turísticos nos quais os clientes devem caminhar muito ou subir montanhas, ou realizar esforços físicos com os quais talvez não estejam acostumados, os dietistas/nutricionistas devem aconselhar o tipo de menu a ser oferecido.

Todo estabelecimento de alimentação coletiva, especialmente de destinos turísticos, deve ter o cuidado de não esquecer de ter a provisão ou a capacidade de preparar alimentos destinados às crianças, aos adultos idosos, aos convalescentes de cirurgias ou de outras doenças. Estas pessoas, além de apresentar necessidades especiais de alimentação e de nutrição, são particularmente vulneráveis às doenças transmitidas por alimentos, pelo qual será necessário um especial cuidado na preparação e conservação dos alimentos que lhes serão oferecidos.

Outro caso particular é o dos grupos ou pessoas que pela sua religião ou por outras crenças pessoais evitam o consumo de determinados alimentos, carne de porco, por exemplo. As pessoas vegetarianas também merecem uma consideração muito especial. Outro grupo de pessoas poderá solicitar que sejam servidos unicamente alimentos "orgânicos", "ecológicos" ou "naturais". Seja qual for a opinião ou atitude dos restauradores em relação a estas modas ou correntes, é melhor que os administradores e os funcionários estejam devidamente capacitados para enfrentar estes pedidos ou exigências.

Um caso muito especial é o da alimentação coletiva destinada a participantes de *grandes eventos* coletivos como olimpíadas, exposições universais, peregrinações, visitas de pessoas muito importantes como o Papa, etc. Nestas ocasiões em que se preparam alimentos em quantidades surpreendentes, fora do comum, há maiores possibilidades de que a qualidade dos alimentos se altere, ou de que ocorram surtos das doenças transmitidas pelos alimentos. O uso das metodologias e abordagens recomendadas neste *Manual* permitirá ter sucesso nestas circunstâncias (ver capítulo sobre inocuidade).

Algumas metodologias ou equipamentos usados em alguns restaurantes são rejeitados por determinados consumidores. O uso dos fornos de microondas, o uso de alimentos *sous vide* (cozidos e embalados a vácuo), apesar de que não apresentam riscos para o consumidor, não agradam a algumas pessoas. É melhor advertir sobre sua utilização para evitar situações desagradáveis.

Sistemas de bufê, em qualquer uma das principais refeições do dia, está cada vez mais difundido. Parece um sistema prático e sem maiores complicações, porém por todos os problemas que derivam de sua organização e utilização, desde vários pontos de vista, exige que o estabelecimento prepare especialmente seus funcionários e "eduque" seus clientes para evitar inconvenientes e situações desagradáveis ou difíceis. Este *Manual* não tem o objetivo de analisar extensamente os bufês, motivo pelo qual se faz referência a eles, com a recomendação de ter especial cuidado e atenção neste assunto. A capacitação dos funcionários, neste ponto específico, é um verdadeiro investimento para o estabelecimento, que produzirá benefícios e satisfação.

As "comidas para viagem" constituem, na indústria turística, uma modalidade cada vez mais difundida. A possibilidade de que nos arredores dos lugares turísticos que serão visitados não existam restaurantes ou lugares confiáveis onde comprar comida obriga ou aconselha que os serviços de alimentação dos hotéis preparem uma sacola ou recipiente plástico com sanduíches, ou alguns alimentos que os turistas possam levar, quando saem para realizar as visitas aos lugares de atração turística cedo pela manhã. Nestes casos, se deve ter uma atenção especial para incluir apenas alimentos que não facilitem a multiplicação microbiana quando não estiverem refrigerados; fazer o contrário seria expor os consumidores a doenças ou transtornos desagradáveis. O mesmo pode ocorrer nos estabelecimentos que vendem "comidas para viagem", em que alguns turistas, para economizar, costumam adquirir refeições para ingerir depois nos quartos dos hotéis; se neles não há facilidades para a refrigeração, podem ocorrer também situações complicadas. O mesmo pode acontecer com o costume de levar aquelas porções de comida que sobram da mesa do restaurante (*doggy bags*), uma boa idéia é aconselhar os comensais que refrigerem essas porções, assim que cheguem nos seus quartos. De qualquer forma poderia ser um bom costume imprimir mensagens educativas nos vasilhames ou sacolas nos quais se entregam os alimentos, indicando em vários idiomas as precauções que devem ser tomadas.

As *comidas preparadas e vendidas na via pública,* constituem um perigo social, uma verdadeira cilada que pode resultar mortal para os turistas, e consumidores de forma geral, exceto naqueles poucos locais onde as autoridades da saúde, do turismo e municipais, trabalham de forma coordenada e cuidadosa para controlar a qualidade, a higiene e a inocuidade. A falta de higiene e de refrigeração nos lugares de preparação e venda, as práticas fraudulentas, a carência de treinamento da parte quem prepara, a ausência de água limpa, etc. explicam por que esses alimentos vendidos nas ruas estão freqüentemente vinculados com surtos de intoxicação ou de outras doenças transmitidas por alimentos. É claro que existem cidades onde as comidas preparadas e vendidas na via pública, ou em embarcações pitorescas em rios, lagoas, etc., constituem um dos principais atrativos turísticos, pela sua originalidade; nestes casos, geralmente, as autoridades estão cientes da situação e se esmeram no controle; um turista advertido deveria informar-se adequadamente, se possível antes de sair do seu país, sobre estes costumes e sobre a seriedade das garantias oferecidas.

Cozinhas de Vôo ou de "Viagem"

As comidas preparadas nos estabelecimentos de *catering* para ser servidas, às vezes a muitos quilômetros ou milhas de distância e horas depois da sua preparação, a bordo de aviões, barcos, trens, etc., são geralmente de consumo obrigatório pelos clientes "cativos", que não têm outras alternativas para alimentar-se. Por isso mesmo, é indispensável que tanto os administradores e o pessoal desses estabelecimentos de *catering*, como o pessoal de bordo dos meios de transporte que manipulam esses alimentos, estejam especialmente capacitados para as atividades que realizam. O uso e consulta freqüente deste *Manual*, nos estabelecimentos em terra, assim como a sua adoção como um companheiro inseparável em cada viagem, e o seguimento estrito das suas recomendações, evitarão ou diminuirão notavelmente os surtos de doenças e os transtornos que os alimentos servidos aos viajantes produzem com freqüência em todos os continentes.

Uso de Bebidas Alcoólicas

"Os que têm indigestão ou os que se embebedam,
não sabem nem comer nem beber"

Brillat-Savarin, 1826, Paris

O uso de bebidas alcoólicas é um costume social praticamente universal, com exceção talvez, nos países em que por motivos religiosos o álcool não é consumido. Os estabelecimentos de alimentação coletiva, especialmente os localizados em destinos turísticos, devem possuir uma adequada provisão de licores e outras bebidas alcoólicas, pois a maioria dos comensais desejará consumi-las como aperitivos e depois acompanhar suas comidas com elas. Alguns países ou regiões são especialmente famosos pelas suas bebidas alcoólicas e muitas correntes turísticas são geradas ao seu redor. Há uma grande discussão científica sobre os efeitos benéficos de algumas bebidas como o vinho que, segundo opinião de renomados cientistas, evitaria o aparecimento de determinadas doenças cardiovasculares. É conhecido como o "paradoxo francês" o fato de que os habitantes de determinadas regiões da França, apesar de consumir comidas com alto teor de gorduras de origem animal, não sofrem de doenças cardiovasculares, devido ao consumo de vinho tinto. O mesmo ocorre com habitantes de outros países mediterrâneos. Mas é necessário destacar que o consumo de álcool não está isento de riscos, e que seu consumo exagerado pode ocasionar doenças como cirrose hepática, câncer, etc., além dos problemas sociais que origina. Por isso, é importante que os restauradores "aconselhem" seus clientes sobre os benefícios da moderação no consumo de bebidas alcoólicas. É bom lembrar que uma medida de whisky (uma onça - 30cc), por exemplo, contém a mesma quantidade de álcool (0,40), que uma taça de vinho, ou uma garrafa de cerveja (12 onças). Deve ser política de todo estabelecimento de alimentação coletiva negar o serviço e consumo de bebidas alcoólicas a menores de idade. No caso de mulheres grávidas, um conselho oportuno, elegante, para inibir o consumo de álcool, será muito útil. É bom recordar sempre aos clientes, se possível com cartazes bem localizados, o conselho grego: NUTRIÇÃO E TURISMO.

METRO ARISTON
"A MODERAÇÃO É MELHOR"
Inscrição no Templo de Apolo em Delfos, Grécia

Capítulo 5

Nutrição

"Os animais pastam. O homem come;
mas unicamente sabe fazê-lo quem tem talento"

BRILLAT-SAVARIN, 1826, Paris

Aparentemente para muitos, falar de "Nutrição e Hotelaria" ou *"Nutrição e Turismo"* não teria razão de ser. Muitos se perguntariam por que se preocupar com a nutrição em uma indústria como a hoteleira cujos clientes são transeuntes, pessoas que estão de passagem, que não se hospedam em hotéis pensando nos aspectos nutricionais da comida que possam servir-lhe nesses estabelecimentos? Pode parecer que a cozinha e o restaurante de um hotel deveriam preocupar-se apenas em oferecer comidas agradáveis, bem temperadas, bem apresentadas e decoradas, e a preços razoáveis, conforme a categoria do estabelecimento, e sem nenhuma necessidade de considerar os aspectos nutricionais.

Nada mais longe da realidade. É verdade que poucas pessoas realizam uma viagem turística para preocupar-se exclusivamente com sua "dieta". Pelo contrário, muitos aproveitam a viagem para esquecer ou sair dela. Isto é compreensível, pois uma das grandes motivações do turismo é a de saborear as deliciosas comidas típicas de um lugar. Porém, é prudente não descuidar totalmente dos aspectos *nutricionais* e da alimentação *inócua* durante a viagem turística. O sucesso de uma viagem inclui, entre outras coisas e em grande parte, não ter ou não agravar problemas de saúde, especialmente aqueles que possam derivar da má alimentação. É necessário assinalar desde o início, e fazer com que os proprietários, administradores e clientes de um restaurante turístico (e, na realidade, de qualquer restaurante) lembrem que *COMER BEM* não está absolutamente em contradição com uma alimentação saudável e inócua. Essa é a principal razão pela qual, já faz algum tempo, aconselha-se que cada hotel importante ou grupo de hotéis, restaurantes de categoria, resort turístico, etc. *conte com os serviços ou com a assessoria de nutricionistas, dietistas e higienistas de alimentos.*

Como mencionamos anteriormente, sem alimentos de excelente qualidade, higiênicos e inócuos, é impossível alcançar um Turismo com Qualidade Total. Esse é um dos principais desafios para os responsáveis pelo turismo em um país. E esse é um grande campo de trabalho profissional para nutricionistas, dietistas e higienistas de alimentos, e por que não dizer, também é um desafio de grande importância.

Por estas razões, é indispensável que os administradores e o pessoal dos estabelecimentos de alimentação coletiva possuam conhecimentos básicos sobre nutrição, a fim de que possam compreender melhor os conselhos técnicos e as instruções dos nutricionistas.

O que é um alimento?[1] Parece que esta pergunta é óbvia para os leitores e usuários deste *Manual* que, pelo seu trabalho, estão relacionados direta ou indiretamente com a preparação e comercialização de alimentos. É conveniente, porém, apresentar alguma definição, embora ela já seja conhecida. Alimento é algo (ou a comida e bebida) que os seres vivos - humanos, animais, plantas, etc. - ingerem ou introduzem nos seus corpos para dar-lhes forças, e para ajudálos a se desenvolver e a viver, isto é, subsistir. Mas não todas as substâncias que um "alimento" contém são nutritivas. Um alimento contém nutrientes ("macro e micronutrientes"), mas além disso possui uma quantidade de substâncias sem nenhum valor nutritivo, e às vezes, com toxicidade potencial. Como sabemos, os nutrientes são as substâncias de que o corpo necessita para desenvolver-se e funcionar. Entre as primeiras, ou seja as que são necessárias para a construção de novas células, encontram-se as proteínas e os minerais. Entre

[1] O *Food Code* dos Estados Unidos da América, na sua edição mais recente (1997), define alimento como: "uma substância comestível crua, cozida ou preparada, gelo, bebida, ou ingrediente utilizado, ou que se tenta utilizar ou vender, total ou parcialmente, para o consumo humano, ou a goma de mascar".

as que proporcionam energia se encontram os carboidratos, as gorduras, e também as proteínas. Outras substâncias nutritivas, como as vitaminas, os oligoelementos (elementos-traços), os ácidos graxos, são necessários para produzir certas reações químicas que regulam o metabolismo basal ou para produzir energia para processos específicos. Cada pessoa, de acordo com a sua idade, sexo, peso, atividade física, etc. requer maior ou menor quantidade de cada uma dessas substancias, isto é, quantidades corretas ou adequadas de cada uma delas. Uma quantidade exagerada ou muito escassa de alguns desses nutrientes provocará mal funcionamento do organismo, ou seja, o aparecimento de algum processo patológico ou doença. Na indústria da alimentação coletiva é útil recordar isto ao criar os menus diários e para poder aconselhar seus clientes.

É muito freqüente, quando falamos da energia que os alimentos proporcionam, e para melhor compreender seu funcionamento, dizer que o alimento é para o organismo o que a gasolina é para o carro. Os bioquímicos costumam dizer que a energia é necessária para a conservação do "meio interno" do organismo, ou seja, seu ambiente físico-químico. A energia proporcionada por cada alimento é medida em calorias (unidade: quilocaloria). Cada um dos nutrientes energéticos que um alimento contém provê uma determinada quantidade de calorias. As gorduras possuem nove calorias por grama; um grama de proteína provê quatro calorias; os carboidratos também proporcionam quatro calorias por grama, enquanto que o álcool proporciona sete calorias por grama. O organismo utiliza as gorduras como a principal fonte para armazenar calorias. O corpo utilizará primeiro essas reservas (gorduras), utilizando depois as proteínas e demais nutrientes para obter as calorias de que necessita. É por esse motivo que os nutricionistas ou dietistas aconselham fazer exercícios físicos para "queimar gorduras" e diminuir assim o peso corporal. Pelo contrário, se uma pessoa ingere mais calorias das que necessita para a atividade física que desenvolve, a conseqüência será o aumento de peso. Por isso, como veremos a continuação, os carboidratos devem constituir-se na principal fonte de energia.

Os carboidratos são a fonte mais importante e mais barata de energia alimentar. A maior parte dos habitantes do planeta utiliza carboidratos para satisfazer suas necessidades diárias de energia. A ingestão de carboidratos também está ligada a fatores culturais e econômicos. É freqüente o uso da denominação de açúcares simples para referir-se aos "mono e dissacarídeos" e se conhecem como "polissacarídeos" os restantes carboidratos. Os alimentos de origem vegetal são particularmente ricos em carboidratos. As fontes mais abundantes de carboidratos na dieta são os açúcares simples, o amido e a celulose. Os carboidratos se ingerem principalmente das seguintes formas: I. como frutas, cereais ou vegetais crus ou cozidos; II. na forma purificada, sendo adicionados durante a preparação dos alimentos, e; III. dissolvendo-os nas bebidas.

As gorduras ou lipídeos, como também são conhecidos, são nutrientes que devem ser consumidos de forma controlada. As gorduras devem considerar-se como a segunda fonte de energia, depois dos carboidratos. Do ponto de vista mais técnico, são definidas como substancias indissolúveis na água, ou que não se misturam com ela, mais que são solúveis em dissolventes orgânicos. As principais gorduras nos alimentos são os triglicérides (triacil-glicerol), assim chamados porque estão constituídos por uma molécula de glicerol com três ácidos graxos agregados. Denominam-se alimentos gordurosos aqueles que possuem uma elevada proporção de lipídeos, como a carne de porco ou a carne bovina e seus derivados, o leite integral e seus derivados como os queijos, as nozes, o chocolate. Algumas poucas frutas, como o coco e o abacate, podem incluir-se neste grupo. Alguns alimentos se constituem praticamente de gordura, como o óleo comestível, a manteiga, a margarina.

Todas as gorduras dos alimentos contêm vários ácidos graxos. Alguns destes ácidos se denominam "saturados", devido a uma constituição química especial que depende da localização e do número de átomos de hidrogênio. Um exemplo destes ácidos é o palmítico encontrado nas carnes, manteiga, etc. As gorduras ricas em ácidos graxos saturados geralmente são sólidas a temperatura ambiente. Os ácidos graxos não-saturados possuem menos átomos de hidrogênio, e estes faltam, por exemplo, no centro da molécula, como é o caso do ácido oléico. Neste caso, o ácido possui um único lugar não saturado, pelo que se denomina "monoinsaturado". O ácido oléico é encontrado nos azeites de oliva, de amendoim, etc. Quando os ácidos graxos têm mais de um lugar sem saturação chamam-se "poliinsaturados". Existem alguns ácidos graxos que são essenciais porque o corpo não pode fabricá-los, e são indispensáveis para certas funções. Em ratos tem-se demonstrado que a ausência destes ácidos faz com que a pele seja seca, descamada, que tenham um consumo excessivo de água, há atraso no crescimento e apresentam infertilidade. O ácido graxo essencial mais estudado é o linoléico, que é poliinsaturado. Os alimentos de origem vegetal (com algumas exceções como o óleo de coco ou de palmeira), são uma boa fonte de ácidos graxos poliinsaturados. As gorduras com alto teor de ácidos graxos monoinsaturados ou poliinsaturados são líquidas em temperatura ambiente e inclusive quando refrigeradas. Os alimentos de origem marinha como os pescados ou os mariscos são ricos em ácidos mono e poliinsaturados, e entre estes últimos se encontram os chamados ácidos graxos ômega-3.

Uma substância cujo nome é muito conhecido é o *colesterol*, que não é exatamente uma gordura, mas que como elas não se mistura com a água. Existe nos alimentos de origem animal, e nunca nos de origem vegetal; é um componente muito importante de certos tecidos do cérebro e de outras partes do sistema nervoso. O corpo humano também o necessita para a elaboração de hormônios, vitamina D, ácidos biliares. Para o transporte dos lipídeos e do colesterol, formam-se no organismo compostos chamados lipoproteínas. Além disso, o fígado segrega uma lipoproteína de alta densidade, e é nesse mesmo órgão onde ocorre, fundamentalmente, a síntese do colesterol. Existem três tipos de lipoproteínas: as de alta densidade (HDL), as de baixa densidade (LDL) e as de muito baixa densidade (VLDL).

As *proteínas* são os nutrientes que o organismo utiliza para satisfazer suas necessidades plásticas, ou seja, o que se requer para a construção dos tecidos. Os músculos, os cabelos, as unhas e a pele, estão constituídos principalmente por proteínas; inclusive os ossos possuem uma quantidade muito grande delas. As proteínas estão constituídas por aminoácidos, formados por diversos elementos químicos, como o carbono, oxigênio, nitrogênio, e em alguns casos, enxofre. Existem nove aminoácidos que são essenciais. Como o corpo não pode armazenar quantidades significativas de aminoácidos, é indispensável ingerir proteínas. As proteínas podem ser de origem animal ou vegetal. As carnes são a principal fonte de proteínas, da mesma forma que o leite e os produtos lácteos.

As *vitaminas* são compostos que o organismo necessita receber em pequenas quantidades, para cumprir certas funções básicas e para realizar alguns processos bioquímicos. Existem vitaminas solúveis na água como a vitamina C (ácido ascórbico) e as oito do complexo B. As vitaminas solúveis em gordura são as vitaminas A, D, E e

K. Estas últimas, encontram-se em associação com os alimentos gordurosos, e podem ser armazenadas pelo organismo; o excesso destas vitaminas poderia ser perigoso para o consumidor (ver Anexo 1).

Os *minerais* são importantes para o desenvolvimento de diversos processos e na constituição de alguns órgãos. O cálcio e o fósforo, por exemplo, servem para a constituição dos ossos. O cálcio também é importante para a função muscular, e o fósforo para os processos metabólicos gerais e para a produção e armazenamento da energia. Outros elementos químicos também são importantes; cloro, por exemplo, é importante para manter a acidez do estômago. O papel do flúor na saúde dos dentes é amplamente conhecido. O potássio é muito importante para manter o equilíbrio fluido nas células e para produzir energia.

As *fibras* dos alimentos são componentes dos vegetais que não podem ser digeridos pelas enzimas do sistema digestivo dos mamíferos. Em termos gerais se aceita que a ausência de alimentos ricos em fibras - tais como os vegetais, frutas, grãos, legumes - pode contribuir para o surgimento de algumas doenças crônicas. Por exemplo, uma elevada ingestão de fibras se associa com uma menor incidência de doenças cardiovasculares e de câncer do intestino grosso. Os peso das fezes aumenta com a adição de fibra na dieta.

É muito importante lembrar que o valor nutritivo de cada alimento pode perder-se, caso não sejam tomadas determinadas precauções durante o seu armazenamento ou sua cocção. A luz direta, por exemplo, pode afetar alguns nutrientes. Também se sabe que o excesso de aquecimento pode destruir o valor nutricional de certos alimentos. Em todo caso, é aconselhável consultar o nutricionista ou dietista do estabelecimento em relação às precauções que devem ser tomadas com cada tipo de alimento.

Também é indispensável informar-se sobre as novas tendências da nutrição. Os nutricionistas ou dietistas podem dar informações também sobre as atuais tendências que recomendam dar preferência aos alimentos "orgânicos" ou naturais. Eles poderão informar também sobre a necessidade de limitar o consumo de sódio (sal comum, por exemplo), particularmente aquelas pessoas com doenças cardíacas e problemas cardiovasculares, de forma geral. Existe também uma tendência mundial para diminuir o consumo de açúcar refinado e dos demais carboidratos. Assim como da necessidade de limitar o consumo de gorduras, especialmente as de origem animal; recomenda-se que não mais de 30% das calorias diárias requeridas sejam obtidas pelo consumo de gorduras.

Todo estabelecimento de alimentação coletiva, independentemente do seu tamanho ou categoria, deve ter sempre a preocupação de oferecer aos seus clientes a possibilidade de dispor de dietas especiais em razão da sua idade, condição e estado da sua saúde. Para isto devem estar disponíveis para a preparação e serviço alimentos destinados a crianças, idosos e grupos especialmente vulneráveis como os diabéticos, convalescentes de diversas doenças ou de intervenções cirúrgicas, grávidas, etc.

Capítulo 6

Qualidade dos Alimentos: Parâmetros da Qualidade dos Alimentos

Vimos, no primeiro capítulo, que Qualidade são "traços e características de um produto ou serviço para *satisfazer as necessidades especificadas ou implícitas* do consumidor". Ou seja, que Qualidade *não é* o que nós gostamos, mas o que gostam ou esperam os nossos clientes. Acredita-se que as empresas que têm sucesso e adquirem prestígio pela qualidade dos seus produtos e/ou serviços são as que compreendem as necessidades dos seus clientes *ainda melhor* que eles mesmos. Essas empresas podem oferecer aos seus clientes *o que* eles desejam, *quando* o desejam e *como* o desejam. Mas para compreender melhor essa Qualidade em um restaurante ou serviço de alimentação devemos separar claramente a *qualidade do serviço* da *qualidade do alimento* que oferecemos. É evidente que a soma harmoniosa, ou integração inteligente, dessas duas "qualidades" é a que forma o todo: *Alimentação de Qualidade*. Em outras partes deste *Manual*, mencionamos diversos aspectos que se devem considerar para alcançar a qualidade do serviço. Neste capítulo vamos discutir o que devemos conhecer e considerar sobre a qualidade dos alimentos oferecidos.

Em primeiro lugar, devemos mencionar que não é simples saber à primeira vista se um alimento já preparado, ou uma matéria-prima utilizada na sua preparação possui a qualidade requerida. Para explicar isto é interessante lembrar que os parâmetros de qualidade de um alimento podem ser *tangíveis*, ou seja, facilmente perceptíveis, ou *intangíveis,* também chamados "ocultos".

Tangíveis ou facilmente perceptíveis correspondem às características físicas, denominadas também características organolépticas ou sensoriais. São características que o consumidor pode perceber com seus sentidos. Entre essas características encontramos fatores que se referem ao aspecto do alimento (cor, limpeza, forma, apresentação), fatores de sabor ou aroma, ou seja, as sensações nas que se combinam o sabor e o olfato (sabor, odor, aroma), fatores de "cinestesia" (textura, sensação na boca, consistência ou viscosidade, inclusive a temperatura na qual se serve). Estes aspectos da qualidade serão avaliados pelos clientes de acordo com as suas expectativas, preferências ou exigências. Também é claro, em grande medida, que a experiência, o refinamento e o nível de educação dos clientes permitirão que ele julgue com maior autoridade estes parâmetros. De forma geral, é possível assinalar que existem categorias ou áreas dentro das quais podemos identificar os parâmetros de qualidade tangível. Se um determinado prato chega de acordo com o solicitado pelo cliente, na temperatura adequada, com agradável aparência e com um bom sabor e aroma, ele o receberá satisfeito. Para a determinação minuciosa destes parâmetros, dentro da uma gradação aceita pela grande maioria de consumidores, se podem utilizar técnicas mais especializadas que nem sempre se encontram ao alcance ou dentro das possibilidades financeiras dos restaurantes. Por exemplo, para alguns produtos se pode recorrer a degustadores especializados, ou às técnicas do que se conhece como análise sensorial, que inclusive, em alguns casos, recorre a equipamentos sofisticados, como, por exemplo, ao "nariz eletrônico" para a determinação de aromas. Para a apreciação de alguns destes aspectos ou das características físicas existe também o que se denomina escala "hedônica" de nove pontos, a saber: gosto muitíssimo; gosto muito; gosto moderadamente; gosto pouco; nem gosto nem deixo de gostar; desgostei um pouco; desgostei moderadamente; desgostei muito; desgostei muitíssimo. Para a aplicação destas provas se utilizam grupos de degustadores especializados.

Não tangíveis ou "escondidos": aspectos nutricionais, presença de contaminantes, inocuidade, atributos legais. Os fatores não tangíveis, ocultos ou escondidos, como seu nome o indica, não são facilmente detectados pelo restaurador, e menos ainda pelos clientes. Porém, esses fatores são muito importantes e decisivos para obter alimentos de excelente qualidade.

Entre esses parâmetros encontram-se os atributos nutricionais, os atributos de inocuidade, ligados à presença e concentração de contaminantes e os atributos legais. O restaurador ou o preparador dos alimentos podem ter uma idéia aproximada dos atributos nutricionais dos alimentos que oferecem, pois eles conhecem a composição dos seus pratos, a qualidade das matérias-primas que adquirem e as práticas de cocção e de armazenagem, fatores estes que podem modificar, positiva ou negativamente, a composição nutricional dos alimentos. Neste ponto, é importante repetir o que já foi mencionado em relação ao valor nutricional dos alimentos, é de grande utilidade contar com a participação de dietistas e nutricionistas, como assessores permanentes ou esporádicos, para ter a certeza de que o estabelecimento está cumprindo com os atributos que seus clientes não poderiam ou não seria fácil que pudessem comprovar.

Os contaminantes físicos, químicos ou biológicos dos alimentos estão relacionados com a inocuidade, ou seja, a qualidade dos alimentos de não provocar doenças ou causar transtornos ao cliente. No capítulo relacionado com a inocuidade dos alimentos se analisa de forma extensa este grupo de atributos intangíveis.

Os atributos legais também podem ser difíceis - ou impossíveis - de ser comprovados pelos clientes. Para cumprir com este aspecto da qualidade, é indispensável que todo estabelecimento de alimentação possua a informação por escrito das legislações locais, nacionais e internacionais sobre o assunto. Mas não apenas os proprietários e gerentes gerais devem conhecer estas legislações. É uma excelente prática que os chefes de cozinha, e inclusive seus ajudantes, os garçons e os que manipulam os alimentos conheçam estas regulamentações para esmerar-se no seu cumprimento. Em um capítulo posterior se mencionam as principais regulamentações vigentes.

Aquisição de Matérias-primas para Preparar as Comidas

Em muitos estabelecimentos de alimentação coletiva, um ecônomo ou um funcionário antigo ou de confiança, ou um familiar dos proprietários é quem se encarrega de adquirir os alimentos, as matérias-primas e os ingredientes, e não necessariamente encarrega-se desta tarefa tão fundamental uma pessoa com os conhecimentos técnicos para realizar de forma eficiente esta função. Em geral, infelizmente, na aquisição prevalece o conceito de preço baixo em relação às outras características de qualidade, integridade, confiabilidade, etc. É assim que os cozinheiros e outros encarregados de preparar, conservar ou melhorar a qualidade ou a inocuidade dos alimentos encontram sérias dificuldades para consegui-lo, devido à baixa, ou até mesmo, à péssima qualidade inicial dos alimentos, matérias-primas e ingredientes. *Com matérias-primas de má qualidade é difícil ou impossível obter produtos finais de boa qualidade.* Este é um axioma que sempre deve ser considerado. Porém, em muitos países, é extremamente difícil encontrar fornecedores de matérias-primas com produtos higiênicos e de qualidade uniforme. E não é fácil, em muitos lugares, livrar-se da ameaça permanente dos que tratam de simular ou aparentar boa qualidade servindo-se de praticas dolosas de grande periculosidade. O encarregado de compras deve estar prevenido em relação a este tipo de fraude. Todo proprietário ou gerente geral de um estabelecimento de refeições coletivas deveria organizar um tipo de sistema de controle de qualidade para a compra das matérias-primas (ver anexo).

Mas, não basta apenas adquirir matérias-primas de boa qualidade, devemos lembrar que a armazenagem, a manipulação posterior e o procedimento aplicado determinarão a manutenção ou a deterioração dessa qualidade inicial. É necessário ter presente que a aquisição dos alimentos deve ser freqüente e regular. Não se deve adquirir quantidades muito grandes que não possam ser armazenadas adequadamente, ou que não sejam preparadas ou processadas antes de começar sua alteração. Porém, é necessário evitar que as reservas acabem nos momentos em que há demanda por parte dos clientes, e que o obriguem a efetuar aquisições de forma urgente, sem os devidos controles e de fornecedores não habituais ou confiáveis.

Recepção e Inspeção Inicial das Compras

Em todo estabelecimento - grande, médio ou pequeno - devem estabelecer-se especificações escritas em relação aos aspectos exigidos para cada uma das aquisições que se realizem. Estas regras, que não necessariamente devem ser complicadas nem constar em documentos extensos, podem ser tabelas que, devidamente protegidas com plástico, fiquem sempre à disposição dos responsáveis pelas aquisições.

Os documentos mencionados onde se incluem os "padrões" ou especificações exigidas pelo estabelecimento devem estar acompanhados por ferramentas e dispositivos simples mas importantes para as tarefas de inspeção inicial das aquisições. Entre essas ferramentas é indispensável, em primeiro lugar, contar com um bom termômetro, bem calibrado. São necessários também canetas marca-texto, etiquetas, sacos plásticos para amostras, balanças, etc. Alguns restaurantes usam lupa, câmara fotográfica, papéis de tornassol ou similares para determinar a acidez ou um pequeno potenciômetro ou medidor de PH (para determinar o pH dos alimentos). É importante também contar com um caderno *foliado* para anotar todas as observações diárias.

Por ser uma operação inicial, básica e fundamental para poder oferecer pratos preparados de qualidade e inócuos, a aquisição deve ser valorizada. Não é algo inútil, e é até aconselhável para um restaurante que deseje alcançar a Qualidade Total, ou se aproximar dela o máximo possível, preparar uma norma escrita, uma espécie de Procedimento Operacional Padrão (POP), no qual se incluam todas as precauções, operações, atividades etc., relacionadas com a aquisição e a inspeção inicial. Uma boa regra para lembrar os aspectos principais que devem ser considerados no POP é a *LTPD:* Lugar, Tempo, Pessoa, Documentação.

Lugar

É preferível destinar um espaço predeterminado para a recepção das mercadorias, o qual deverá estar bem iluminado e ventilado, perfeitamente limpo e a uma temperatura conveniente. Por "lugar" também se deve considerar o lugar onde será colocada a mercadoria que se recebe. Nas geladeiras, congeladores, depósitos, etc. deverá haver um espaço suficientemente amplo, limpo, e com uma temperatura e umidade relativa ambiente aconselháveis para cada tipo de alimento, matéria-prima ou ingrediente que se espera receber nesse dia. Alguns restaurantes possuem geladeiras e congeladores no lugar da recepção, para colocar neles a mercadoria correspondente, em espera para ser transladada para seu lugar de armazenamento final no interior do local. É também aconselhável que próximo do lugar da recepção se localizem pias, onde possa se eliminar a terra e a sujeira que pudessem estar presentes nas matérias-primas, especialmente nas verduras, frutas e outros vegetais frescos. Neste caso, também se deve dispor do espaço necessário para escorrer a água e secar os vegetais antes do seu traslado para a área da cozinha.

Tempo

É necessário definir um tempo ou momento do dia para realizar as compras e para receber as mercadorias. É preciso escolher sempre um momento no qual não exista muito trabalho ou atividade no estabelecimento e, melhor ainda, quando não há clientes. Isto facilitará as tarefas de inspeção, pois o pessoal encarregado não estará sob a pressão de atender os clientes ou de tentar que eles não percebam estas operações e as interrompam por curiosidade ou por outras circunstâncias. Em geral, é preferível efetuar as aquisições pela manhã cedo, quando os mercados ou distribuidores recebem as verduras, frutas, carnes, pescados e mariscos dos seus fornecedores primários. É também uma boa prática programar a recepção de tal forma que os diversos fornecedores nunca cheguem ao mesmo tempo. É incômodo, por assim dizer, inspecionar frutas ou verduras enquanto os fornecedores de pescados ou de carne estão pressionando para serem atendidos. É necessário inspecionar os produtos assim que chegam, isto facilitará as tarefas de devolução que devam realizar-se imediatamente ou receber o crédito correspondente no caso da não aceitação que o estabelecimento receptor seja obrigado a fazer. O tempo se refere também à necessidade de oferecer a todos os alimentos e ingredientes uma armazenagem adequada o mais rapidamente possível logo após a recepção. Nos vasilhames ou etiquetas se deve escrever, com as canetas marca-texto ou com os especiais próprios para alimentos congelados, a data e o horário da recepção, e se possível a vida útil esperada para cada produto, para garantir que permaneçam arrumados nos refrigeradores e nos outros lugares de armazenagem de forma a facilitar sua adequada rotação e seu emprego oportuno. Uma boa prática consiste no uso de cartões de cores diferentes, pré-impressos, para registrar os dados necessários, que incluem também a data e horário da recepção, a data de vencimento ou de uso preferencial, a temperatura ou condições de armazenagem, etc. No que se refere a uma adequada rotação dos alimentos, ingredientes e todas as matérias-primas, em geral, sempre deverá ser lembrado que o primeiro a ser recebido será o primeiro a ser usado, preparado ou servido. Uma regra para recordar esta precaução é conhecida como "FIFO", das iniciais do inglês *First In, First Out*.

Pessoa

Já nos referimos a que as pessoas encarregadas das aquisições e da recepção e inspeção inicial das mercadorias devem ter um bom treinamento e uma compreensão adequada da importância da boa qualidade e da inocuidade dos alimentos. É um bom negócio que estas pessoas recebam treinamento freqüente em temas relacionados com suas funções.

Documentação

Esta inclui as especificações ou padrões sobre todos e cada um dos produtos que se adquirem. A documentação deverá incluir também folhas impressas destinadas a registrar o controle de cada classe dos principais produtos que devam ser adquiridos. Nestas folhas se deve registrar o nome do produto, o nome do fornecedor, data, hora, pontos que se devem considerar na inspeção para assinalá-los (*check mark*) como corresponda: Excelente, Bom, Regular, Mau, Péssimo, etc.; lembrar também de reservar um espaço para observações, etc. A documentação deverá incluir o cardápio ou os cardápios do dia, assim como os cardápios substitutivos no caso de que o pessoal fosse obrigado a rejeitar algum produto ou produtos por chegarem em mal estado.

É muito útil classificar os alimentos, ingredientes e outras substâncias que se deva comprar por grupos afins, o que facilitara a tarefa da compra, recepção, inspeção inicial, etc. As categorias de alimentos e outros produtos podem ser, por exemplo, as seguintes:

Alimentos lácteos: leite fresco, pasteurizado ou estéril; creme de leite; queijos (de todos os tipos: moles, semiduros, duros, em pasta ou fundidos); manteiga (pode também agrupar-se com óleos e azeites); sorvetes; sobremesas lácteas;

►

Alimentos cárneos: carne fresca ou congelada: bovina, suína, ovina, caprina, outras espécies; carnes secas, charque, defumadas; embutidos de carnes, derivados suínos; carnes em conserva; miúdos;
Aves e derivados: frangos, galinhas, perus, patos, codornas, e derivados; frescos, congelados, conservas; miúdos;
Pescados, mariscos e derivados: frescos, congelados, salgados, defumados e em conserva; caviar;
Ovos e derivados: ovos frescos, em pó, congelados, líquidos pasteurizados;
Vegetais: batata, tomates, aspargos, cebolas, hortaliças, cogumelos comestíveis (champignons), frescos, congelados, desidratados, em sopa, em conserva; ervas aromáticas frescas;
Frutas: frescas, secas, em conserva;
Condimentos: sal, pimenta, glutamato monossódico, etc.
Grãos e cereais: farinhas, massas, aveia, grãos em geral, pão, bolachas, biscoitos, bolos;
Gorduras e óleos: manteiga; óleos em geral; maionese;
Açúcar e doces: açúcar; xaropes; mel; gelatinas; sobremesas em pó;
Bebidas: carbonatadas (gasosas); água engarrafada; café; chá; mate; chocolate; suco de frutas;
Bebidas alcoólicas: vinhos; cervejas; licores em geral;
Artigos de limpeza: sabão líquido, em pó, em pedra; detergentes; inseticidas; praguicidas em geral; desinfetantes ambientais em aerossol; vassouras; esponjas; escovas;
Artigos de escritório e papelaria.

Condições de Armazenamento Recomendadas para os Principais Grupos de Alimentos, Matérias-primas e Ingredientes Utilizados na Alimentação Coletiva

Assim que alimentos, ingredientes e outros produtos chegam ao estabelecimento, devem ser rapidamente guardados ou armazenados conforme sua natureza. Os produtos congelados devem manter esta condição colocando-os nas câmaras de refrigeração, ou em compartimentos para produtos congelados (*freezers*) dos refrigeradores; os produtos que requerem refrigeração, como as carnes frescas, carnes de aves, ovos, pescados e mariscos frescos, e alguns vegetais e frutas, devem ser colocados nas câmaras de refrigeração ou nas geladeiras, no lugar apropriado de acordo com a sua natureza. Os outros produtos devem ser armazenados em lugares limpos, secos, frescos, onde não fiquem expostos ao pó, a líquidos ou a outras fontes de contaminação; deverão sempre ser armazenados a pelo menos, 15 cm (6 polegadas) acima do piso. De forma geral, os alimentos *jamais deverão* ser armazenados em: banheiros, vestiários dos funcionários, nos escritórios, em quartos onde se guardam tachos ou sacos com lixo, sala de caldeiras, nas oficinas mecânicas ou de reparos, ao ar livre, junto com produtos ou artigos de limpeza, praguicidas; sob os encanamentos ou dutos; debaixo de escadas, e, de forma geral, em qualquer lugar onde exista a possibilidade de contaminação ou de confusão. (Ver Anexos 3 e 4)

Degradação da Qualidade dos Alimentos por Microrganismos Contaminantes

Mesmo que todas as precauções sejam tomadas na aquisição de alimentos, ingredientes, etc., sempre se deve ter presente que eles não chegam estéreis, salvo raras exceções, como por exemplo as conservas; pelo contrário, estão contaminados com diversos tipos de micróbios muitos dos quais são capazes de alterar negativamente sua qualidade e o que é pior ainda, com microrganismos que possuem a capacidade de provocar doenças ou até matar quem consumir os alimentos por eles contaminados.

Capítulo 7

O Mundo Microbiano

"Meu Deus, quantas maravilhas existem em uma criatura tão pequena"

(Exclamação do ajudante de LEEUWENHOECK, citada por ele na sua carta 76 de 15 de outubro de 1693)

Há muitos anos foi escrito um volumoso livro intitulado *O mundo microbiano*. É a prova de que efetivamente, o âmbito dos micróbios constitui todo um universo complexo e apaixonante. Os microrganismos estão presentes em todos os ambientes. A vida no nosso planeta não seria possível sem sua existência. Não sendo o objetivo deste *Manual* desenvolver um estudo aprofundado sobre este tema, apresentamos apenas os elementos básicos que permitirão que os leitores tenham uma melhor compreensão destes seres, que provocam alteração favorável ou desfavorável nos alimentos ou doença e morte, quando não se observam as regras e não se tomam as devidas precauções.

Os microrganismos ou micróbios são seres de uma única célula, pelo que são conhecidos como organismos unicelulares, invisíveis a olho nu. Foram descritos pela primeira vez no século XVII pelo holandês Antonio Van Leeuwenhoeck (1632-1723), quem, com um microscópio primitivo criado por ele, estudou diversos tipos de micróbios. Porém, após este descobrimento, ainda continuaram as antigas crenças sobre a origem dos seres vivos e particularmente dos micróbios. Os gregos acreditavam que os seres vivos poderiam ter origem em matérias não vivas. Este erro continuou por muitos anos, provocando grandes polêmicas, sendo seus principais protagonistas Francesco Redi e Lazzaro Spallanzani. Mas no século XIX, um sábio francês, o químico Luis Pasteur, demonstrou que os micróbios somente podem originar-se de micróbios preexistentes. Pasteur realizou excelentes pesquisas que determinaram o papel das bactérias nas fermentações, do vinho por exemplo, e na origem das doenças.

Os microrganismos podem ser bactérias, vírus, fungos, algas, leveduras e protozoários. Todos estes grupos são importantíssimos em relação com a alteração dos alimentos ou com a produção de doenças ou transtornos provocados por alimentos contaminados com eles. Uma categoria especial é formada pelos priônios.

Bactérias

As bactérias constituem o grupo de maior importância em relação aos alimentos. É fundamental que os responsáveis pela alimentação coletiva se familiarizem com alguns de seus aspectos principais.

As bactérias pela sua forma podem ser esféricas (cocos), ter forma de bastão (bacilos ou bastões), ou de espiral (espirilo). Do ponto de vista do tipo respiratório, podem utilizar oxigênio (ar) (*aeróbias*), ou não necessitar dele (*anaeróbias*); para outras a presença ou não do ar é indiferente (*facultativas*).

Em relação à temperatura ótima para seu desenvolvimento podem ser *termófilas,* quando se desenvolvem melhor a temperaturas entre 45 e 65°C, *mesófilas*, se crescem entre 20 e 40°C, ou psicrófilas, com temperaturas ótimas de desenvolvimento muito baixas, aproximadamente 0°C.

Um aspecto muito interessante que deve ser considerado é o da produção de esporos por alguns tipos de bactérias. Os esporos são formação de paredes especiais muito grossas que se desenvolvem dentro das bactérias, particularmente quando as condições são desfavoráveis. Os esporos são muito resistentes às altas e às baixas temperaturas, às substâncias químicas etc., aspecto que deve ser considerado na preparação de certos alimentos que possam estar contaminados com elas. Quando as condições são favoráveis, os esporos germinam dando origem às formas vegetativas das bactérias, que são mais sensíveis às temperaturas elevadas, mas que podem resistir ao congelamento. As formas vegetativas são capazes de reproduzir-se por divisão binária, ou seja, cada bactéria se alonga e dá origem a duas células. Em função do chamado "tempo de desenvolvimento", a cada 5, 10, 20 minutos etc., as bactérias duplicam seu número, em forma geométrica, o que explica porquê em poucas horas uma única bactéria pode originar milhões delas, alterando os alimentos e provocando doenças. O crescimento bacteriano se representa classicamente com uma curva de desenvolvimento, que compreende as fases de adaptação (fase *lag*), a fase de desenvolvimento logarítmico (fase *log*), a fase estacionária e a fase de declinação. O maior ou mais rápido desenvolvimento das bactérias e seu declínio dependem de vários fatores, entre eles, a espécie bacteriana, sua idade, o número de células na contaminação inicial, a classe e quantidade de alimentos e nutrientes, a temperatura, a disponibilidade de água, etc.

Vírus

Encontram-se entre as menores formas de vida conhecidas. Possuem uma organização muito simples. Diferentemente das bactérias, não são células completas, e talvez por este motivo não possam reproduzir-se fora de células vivas. Os vírus, então, são obrigatoriamente parasitas. Não podem crescer ou multiplicar-se nos alimentos, nem nos meios de cultivo. Os alimentos agem apenas como veículos dos vírus. Os vírus podem encontrar-se nas águas contaminadas, nas matérias fecais, no sangue e em outros fluidos corporais humanos ou de animais, em mariscos crus, etc. Os vírus reagem de diferentes formas às temperaturas altas ou baixas, mas sobrevivem ao congelamento. Alguns vírus podem resistir a temperaturas próximas dos 80°C, durante períodos muito curtos de tempo. A composição dos alimentos e as condições de armazenamento influenciam na sobrevivência dos vírus.

Fungos

São organismos com uma organização biológica muito diferente das algas e dos protozoários. Não podem sintetizar a clorofila, pelo que são incapazes de realizar a fotossíntese como as plantas superiores. Formam umas estruturas muito especiais chamadas micélios. Possuem esporos. Vivem, geralmente, em matérias orgânicas em decomposição. Crescem sobre os alimentos, especialmente em meios ácidos, transmitindo-lhes cores, odores e sabores muito desagradáveis. Algumas poucas espécies são úteis na fermentação positiva dos alimentos, mas outras espécies produzem nos alimentos toxinas muito perigosas chamadas micotoxinas como, por exemplo, as aflatoxinas. Não se deve confundir este grupo com os fungos comestíveis ou champignons.

Leveduras

São também fungos superiores, mas que não formam micélios. Algumas espécies de leveduras servem para a produção de vinho ou de cerveja. Outras intervêm na produção de certas características especiais dos embutidos de carne. O desenvolvimento de certas espécies de leveduras sobre os alimentos pode transmitir-lhe odores, cores ou modificações indesejáveis, constituindo-se em um grupo de microrganismos danosos. Preferem também os alimentos ácidos.

Algas

Estes seres podem ser uni ou pluricelulares. Podem realizar a fotossíntese da mesma forma que as plantas superiores. São encontrados em todas as partes do mundo, nos solos, nas águas doces, nos oceanos, nas águas termais. Muitas espécies unicelulares deste grupo formam o microplâncton. Certas algas unicelulares aquáticas, especialmente os dinoflagelados, podem sintetizar toxinas muito perigosas que podem ser transmitidas por alimentos marinhos, como os moluscos bivalves.

Protozoários

São as mais primitivas formas animais, as menos evoluídas. Possuem diversas formas, tamanhos, estruturas e funcionamentos. São abundantes na natureza. As formas mais numerosas são aquáticas. Outras vivem no solo. Alguns destes protozoários se desenvolvem em outro organismo vivo como parasitas e podem ser úteis ao seu hospedeiro, com o que podem estabelecer relações de simbiose, ou são patogênicos, adoecendo o hospedeiro, finalmente outros podem conviver com o hospedeiro sem favorecê-lo nem adoecê-lo. Muitos protozoários podem ser transmitidos pelos alimentos ou pela água e adoecer o consumidor humano ou animal.

Priônios

É uma categoria muito especial de elementos biológicos, que ao que parece, poderia ocasionar doenças transmitidas por alimentos. Não são vírus. Possuem uma resistência extraordinária às temperaturas altas, aos anti-sépticos, etc. Algumas de suas variedades causam a encefalite espongiforme bovina, popularmente conhecida como a doença das "vacas loucas". Algumas pessoas acreditam que a carne dos animais doentes poderia causar a encefalite ou a doença de Jakob-Creutzfeldt nos humanos, mas isto não foi provado.

Destino dos Microrganismos Contaminantes dos Alimentos

Os microrganismos, depois de contaminar os alimentos por diferentes mecanismos que veremos oportunamente, têm três possíveis destinos, ou possibilidades: morte, sobrevivência ou multiplicação.

Morte

Se as condições que encontra o microrganismo no alimento são desfavoráveis, a morte acontecerá mais ou menos rapidamente. Geralmente, nestes casos o microrganismo não tem tempo de alterar o alimento ou de deixar nele substâncias que possam afetar a saúde do consumidor.

Sobrevivência

Em outras oportunidades as condições não são o suficientemente adversas como para ocasionar a morte do microrganismo, mas não lhe permitem multiplicar-se. Neste caso os microrganismos permanecerão no alimento até que as condições mudem, causando a sua morte ou favorecendo sua multiplicação. Em algúmas oportunidades, o congelamento ou algum tratamento específico que o alimento tenha sofrido, permitirá a sobrevivência de alguns microrganismos mas ocasionando-lhes danos subletais, que modificam seu comportamento, por exemplo diante dos procedimentos utilizados nos laboratórios de controle microbiológico, complicando seu isolamento e identificação. Na terminologia científica estes microrganismos são conhecidos como injuriados.

Multiplicação

Quando as características do alimento e as condições de armazenamento lhe são favoráveis, os microrganismos se multiplicam com maior ou menos rapidez podendo, como já vimos, chegar a milhões ou bilhões por grama ou centímetro cúbico do alimento ou bebida, em poucas horas.

A multiplicação se rege por uma série de fatores ecológicos e de interações que revisaremos mais adiante, que produzirão uma série de efeitos favoráveis ou desfavoráveis, segundo as características próprias de cada espécie de microrganismos. É assim que os microrganismos podem ser:

- *Alteradores:* quando modificam as características químicas e/ ou físicas do alimento.A alteração pode ser: a) favorável, quando a alteração produzida no alimento melhora seu aspecto, sabor, características nutricionais, tempo de conservação, etc. Como exemplo temos os organismos que originam o vinho, as cerveja, os queijos, o chucrute, etc.; b) desfavorável, quando a alteração produz efeitos negativos no alimento, alterando sua cor, seu aspecto, gerando odores ou sabores desagradáveis, provocando a putrefação, ou destruindo-o completamente;
- *Patogênicos:* são os microrganismos que provocam doença ou morte nos consumidores, como veremos no capítulo dedicado à "Inocuidade dos Alimentos". Um grupo patogênico particular constituem os microrganismos "toxigênicos", que geram toxinas perigosas no alimento ou podem produzi-las no interior do organismo do consumidor.

Ecologia Microbiana dos Alimentos

Mencionamos anteriormente que os caminhos, as alternativas ou possibilidades que os microrganismos têm após contaminar os alimentos, isto é morte, sobrevivência e multiplicação, regem-se por uma série de fatores. Vale a pena analisar alguns detalhes desses fatores. Seu conhecimento permitirá que os responsáveis e os funcionários dos serviços de alimentação coletiva, melhorem as condições de conservação dos alimentos e previnam os problemas de alterações e danos à saúde dos clientes. Os fatores condicionantes que tradicionalmente se consideram no estudo da ecologia microbiana dos alimentos são: fatores intrínsecos; fatores de processamento/preparação; fatores extrínsecos; fatores combinados; e fatores implícitos.

Fatores intrínsecos: são as características físicas, químicas e bioquímicas do alimento. Entre estes fatores encontram-se: grau de acidez ou de alcalinidade, conhecido como "pH"; os nutrientes; o potencial de oxidação ou de redução; a atividade aquosa ou "aw"; a estrutura biológica do alimento; os constituintes antimicrobianos naturais.

- *Grau de acidez ou alcalinidade.* a acidez ou alcalinidade de um alimento se expressa como valor pH do mesmo. Cada alimento possui um pH determinado. Conforme esse valor, os diferentes microrganismos se desenvolverão ou permanecerão inibidos nesse alimento. Historicamente, o homem aumentou a acidez dos alimentos para melhorar sua estabilidade microbiológica e sua maior conservação. Os métodos tradicionalmente utilizados para isto foram a fermentação ou agregar ácidos débeis tais como suco de limão, vinagre, etc. De forma geral as bactérias capazes de afetar a saúde dos consumidores não crescem em alimentos ácidos. Porém, neles podem desenvolver-se os fungos e as leveduras, que podem alterar algumas características do alimento. As bactérias lácticas, benéficas, preferem alimentos ácidos para seu desenvolvimento. Durante a recepção das matérias primas e na cozinha, é relativamente fácil medir o pH; esta prática efetuada diariamente poupará desperdício de alimentos e danos à saúde dos comensais. (Ver Anexo 5: Tabela de pH dos principais alimentos, Quadro de microrganismos e pH);
- *Os nutrientes.* as proteínas, os açúcares, as gorduras, as vitaminas e os minerais que os alimentos contêm não servem apenas para alimentar nossos clientes, mas também e com algumas vantagens, para alimentar esses visitantes intrusos e inesperados que são os micróbios. É claro que, para que essas substâncias sejam utilizadas pelos microrganismos, elas devem estar em um estado que seja "utilizável" ou degradável. Algumas estruturas são resistentes aos ataques microbianos. Porém, muitas das operações que se realizam na cozinha, por exemplo, a cocção, transformarão os alimentos em substâncias mais facilmente digeríveis pelos seres humanos, mas também, infelizmente, pelos microrganismos. Em termos gerais, quanto mais nutritivo for um alimento, maiores serão as possibilidades de um ataque rápido das enzimas dos microrganismos;

- *O potencial de oxidação e redução:* é também chamado pelos químicos e microbiologistas "potencial Redox". Este potencial depende de complexos mecanismos de migrações de elétrons entre os componentes químicos dos alimentos. Não é tão fácil de medir como o pH. Uma boa aproximação para compreender este fator é, por exemplo, considerar a presença ou a ausência de ar (oxigênio) em um alimento. Se lembramos o discutido anteriormente, que os micróbios se classificam em aeróbios, anaeróbios e facultativos, em função do seu tipo respiratório, poderemos compreender melhor este fator;
- *A atividade aquosa ou "aw"*: todo ser vivo, incluindo os microrganismos, necessitam de água para sua sobrevivência. Cada ser vivo é composto por uma alta porcentagem de água. Para que a água seja aproveitada pelos micróbios, ela devera estar "livre", ou seja, não "ligada" a outras substâncias como o açúcar, o sal, a gelatina, o álcool, etc. Cada alimento possui um valor de "aw" (*activity of water*) ou atividade aquosa que depende, logicamente, da sua composição química. Quando agregamos sal ou açúcar durante a preparação de um alimento, o que estamos fazendo é *diminuir* a água livre, ou seja, rebaixando o "aw", condicionando ou dificultando o desenvolvimento de determinados microrganismos. Os alimentos "secos", isto é desidratados, são bastante estáveis e resistentes ao desenvolvimento microbiano;
- *A estrutura biológica do alimento*: todo alimento sem processar possui uma estrutura biológica dada pela natureza para defender-se de agressões exteriores. Os agressores podem ser os insetos, os microrganismos, os fatores físicos ou químicos do ambiente. Geralmente, por exemplo, para os microrganismos é difícil vencer as barreiras naturais dos alimentos, para desenvolver-se neles e alterá-los. Se uma matéria prima for mal manipulada, permitindo que, uma fruta por exemplo, resulte amassada ao ser colocada sob o peso de outras frutas ou substâncias, a estrutura biológica será alterada e a fruta se alterará mais rapidamente. Umas áreas mais escuras, "fermentadas" ou alteradas, produzidas pelo desenvolvimento de leveduras, diminuirão a qualidade da fruta, podendo impossibilitar seu uso. Muitas das operações culinárias, como picar, descascar, triturar, alteram radicalmente a estrutura biológica dos alimentos, o que facilitará sua rápida alteração, se não se tomam as devidas medidas (coc-

ção, congelamento, etc.) para impedir o desenvolvimento microbiano e as modificações químicas subseqüentes;

- *Os constituintes microbianos naturais*: muitos alimentos possuem substâncias que impedem o desenvolvimento microbiano, defendendo-os desta forma de uma rápida alteração. Os óleos essenciais presentes em algumas espécies são um exemplo muito interessante deste fator. Os ovos frescos possuem também várias substâncias antibacterianas naturais. Diversos ácidos orgânicos estão presentes em algumas frutas como, por exemplo, o ácido cítrico nas frutas "cítricas": limões, laranjas, grapefruit ou toranjas, tangerinas; outras frutas produzem ácido benzóico, ácido sórbico, etc.

Fatores de Processamento/Preparação

As modificações que sobre a composição química e bioquímica e em relação ao estado físico produzem nos alimentos as operações efetuadas nas indústrias e cozinhas durante o processamento ou a preparação influenciam a colonização, sobrevivência e desenvolvimento dos microrganismos. Geralmente, essas operações ou processos podem destruir parcial ou totalmente os microrganismos contaminantes, ou inibir seu desenvolvimento. Um dos principais objetivos dos processos é precisamente eliminar os microrganismos contaminantes, sejam eles alteradores ou patogênicos, para prolongar a vida útil dos alimentos ou deixá-los inócuos para o consumidor (ver Anexo 6). Porém, é conveniente lembrar que, como já temos mencionado anteriormente, essas mesmas modificações produzidas nos alimentos, podem favorecer a multiplicação dos microrganismos, em caso de recontaminação. É por isso que um alimento já cozido deve ser protegido cuidadosamente para que não volte a se contaminar e deve ser consumido o mais rapidamente possível, ou, em caso contrário, conservado em temperaturas baixas para impedir que algum recontaminante possa multiplicar-se.

Fatores extrínsecos: são dados pelos fatores ambientais durante o armazenamento dos alimentos. Estes fatores são: temperatura; umidade relativa ambiente; e composição gasosa do ambiente, durante a armazenagem.

- *Temperatura de armazenamento*: como temos mencionado várias vezes, a temperatura na qual são guardados os alimentos, crus ou preparados, é um dos fatores mais importantes para a boa conservação dos alimentos e para proteger a saúde dos consumidores. Lembrar sempre das regras e precauções a serem respeitadas em relação ao uso do frio, e que foram apresentadas previamente. O desenvolvimento dos diferentes microrganismos dependerá das suas respectivas temperaturas ótimas de desenvolvimento, as que examinamos na parte que corresponde ao mundo microbiano. Lembrando que os micróbios se classificam em termófilos, mesófilos e psicrófilos;

- *Umidade relativa ambiente*: quando os alimentos não estão acondicionados hermeticamente, intercambiam água com o meio ambiente no qual estão armazenados. A tendência é chegar ao equilíbrio do "conteúdo aquoso" ou umidade de ambos. Se os alimentos secos são armazenados em ambiente úmido, ou seja, com uma umidade relativa ambiente elevada, começarão a "ganhar" água, isto é a hidratar-se, permitindo por exemplo, que se desenvolvam fungos sobre eles ou bactérias que podem alterá-los. Ao contrário, os alimentos "úmidos", armazenados em ambientes com baixa umidade relativa ambiente, evaporam-se, causando, além de perdas econômicas pela diminuição do peso, a deterioração da sua qualidade organoléptica e a possibilidade de crescimento de alguns organismos alteradores. Um dos exemplos mais freqüentes sobre este último caso é do da carne refrigerada que se armazena em câmaras com umidade relativa ambiente muito baixa;
- *Composição gasosa do ambiente*: se bem este parâmetro não possui tanta aplicação na alimentação coletiva ou restauração, como tem por exemplo, na indústria de processamento dos alimentos, é interessante indicar que a maior ou menor concentração de oxigênio durante o armazenamento favorecerá ou dificultará a respiração dos microrganismos. Lembremos que eles se classificam em aeróbios, anaeróbios e facultativos. Por esse motivo, nos grandes depósitos de alimentos se utiliza a modificação da composição atmosférica, através do uso de gases como nitrogênio, anidrido carbônico e outros, para favorecer a conservação das qualidades organolépticas das matérias-primas, frutas, vegetais, carnes, camarões, etc. Esta modificação da atmosfera gasosa se utiliza

atualmente em alguns alimentos embalados, em cujas etiquetas consta que foram empacotados em atmosferas modificadas (alimentos EAM ou "MAP"); este grupo inclui os alimentos acondicionados a vácuo, de uso cada vez mais freqüente nos estabelecimentos de alimentação coletiva.

Fatores ou efeitos combinados: os fatores intrínsecos, de processamento/preparação, e os extrínsecos não se expressam, como é fácil imaginar, de forma isolada em um alimento. Ao contrário, eles se apresentam de forma simultânea, e são interdependentes entre si. Por exemplo, se um alimento é ácido (pH baixo), não se requer uma temperatura muito elevada para destruir determinados microrganismos. Por outro lado, se dois fatores são ótimos para o desenvolvimento de um micróbio, seu crescimento ocorrerá a valores extremos (não favoráveis) de um terceiro fator. Por exemplo, as salmonelas crescerão a um pH 5,8 a uma atividade aquosa de 0,971, mas poderá crescer a um pH 5,0 (bastante ácido) se a atividade aquosa for de 0,986 ou superior. O conhecimento da efetividade de tais combinações permite que a indústria alimentícia estabeleça predições em relação à provável estabilidade e inocuidade de qualquer alimento.

Fatores implícitos: este grupo de fatores, apesar de muito importante, é de pouco valor prático diante do que se pode fazer na alimentação coletiva para controlá-los. Estes fatores dependem das características próprias dos microrganismos e das interações mútuas que possam estabelecer entre eles. Os fatores implícitos são determinados por: as características de crescimento dos microrganismos, sob a influência, obviamente, dos fatores intrínsecos, extrínsecos e de processamento; e as relações de simbiose ou de antagonismo que os microrganismos tenham entre si, e que levam à modificação dos fatores intrínsecos dos alimentos, favorecendo ou dificultando o crescimento dos microrganismos que os acompanham como contaminantes nesse alimento. Talvez a possível aplicação prática destes fatores nos serviços de alimentação coletiva seja a utilização de microrganismos como impulsores ou *starters* na preparação de determinados alimentos fermentados como o chucrute, iogurte, etc.

Capítulo 8

Locais, Equipamentos e Utensílios

Local

Cozinha

Na alimentação coletiva, tratando-se de um estabelecimento pequeno ou grande, o local destinado à cozinha deverá reunir características específicas que o habilitem para a importante função que deve cumprir. Na realidade, toda cozinha merece, independentemente das suas dimensões, a qualificação de "5 garfos", seja qual for a classificação oficial do estabelecimento

Um dos principais inconvenientes que encontramos com freqüência é que muitas vezes (ou talvez a maioria delas?) os restaurantes - especialmente os pequenos ou médios - se organizam em locais improvisados que necessitam ser adaptados para essa finalidade. As salas ou salões de banquete não sofrem, geralmente, grandes inconvenientes, inclusive às vezes se beneficiam pela beleza ou autenticidade de determinados detalhes da decoração. Mas é nos espaços destinados às cozinhas onde se apresentam os maiores problemas, que posteriormente vão se refletir na qualidade e, especialmente, na inocuidade dos alimentos que neles são preparados. Um bom conselho é que, em qualquer local onde se deseje instalar um restaurante, todos os ambientes destinados à recepção, armazenamento e preparação dos alimentos sejam construídos especialmente ou reconstruídos adaptando-os tecnicamente para que cumpram adequadamente suas funções.

Esses ambientes devem estar projetados para poder prevenir os perigos microbianos, mas também é necessário considerar a segurança ocupacional - inclusive a prevenção de incêndios -, as facilidades que impeçam o movimento desnecessário ou as perdas de tempo por parte do pessoal, e as considerações estéticas que façam mais prazeroso seu trabalho, além de atrair o elogio ou a satisfação dos comensais, e gerar a confiança dos clientes que ocasionalmente possam observar ou visitar esses ambientes. O projeto "higiênico" ou "sanitário" desses lugares deve considerar como primeira prioridade as instalações de água potável e as tubulações de esgoto, a existência e localização das câmaras frigoríficas ou equipamentos de refrigeração. Também devem ser considerados, obviamente, os pisos, as paredes, os tetos, os depósitos, a iluminação e ventilação, os vestiários para os funcionários, os corredores de circulação, etc. De forma geral, estes locais não devem oferecer condições ambientais para o acúmulo de matéria orgânica ou umidade, por exemplo rupturas, fissuras, ângulos impróprios, etc., ou o uso de materiais absorventes de difícil limpeza. Há um princípio a ser seguido, o de que *todas* as superfícies devem ser projetadas de tal forma que sejam *fáceis de limpar.*

Projeto da Cozinha

É necessário que o projeto permita a separação entre material "sujo" e material "limpo". A separação não significa necessariamente a existência de paredes ou outras barreiras físicas similares. A simples distância pode ser considerada uma separação, em muitos casos. Como material sujo se entende toda matéria-prima não preparada, lavada ou cozinhada; os pratos e talheres usados, as panelas utilizadas, os panos de prato usados (seria melhor não utilizar nunca) na limpeza de superfícies ou das mãos, etc. Também deverá permitir a separação entre operações "sujas" e "limpas". Desossar ou cortar um frango cru é uma operação "suja", as mesmas operações com um frango previamente cozido podem ser consideradas "limpas". Porém, de forma geral, deve catalogar-se como limpa toda operação efetuada com alimentos que não receberão posteriormente nenhum tratamento ou processo capaz de destruir microorganismos que possam estar presentes sobre ou dentro deles. Também as áreas "frias" devem estar separadas das "quentes". A ventilação das instalações deve impedir a acumulação de umidade. As áreas "úmidas" devem também estar separadas das áreas "secas". Resumindo:

Em todas as ocasiões deve evitar-se o acúmulo de objetos ou equipamentos, mesmo os necessários, ou um número excessivo de pessoas; a aglomeração gera lugares que não são facilmente acessíveis para a limpeza e desinfecção, transformando-os em fontes de contaminação continua. Além disso, o acúmulo dificulta ou impede a circulação de produtos e pessoas, diminuindo consideravelmente a produtividade do estabelecimento.

Como se sabe, *os pisos* estão contaminados com grande quantidade de microorganismos, de diversas espécies. Por este motivo, desde o início se devem tomar todas as precauções para que os pisos sejam projetados e construídos de forma que sejam fáceis de limpar, e que não permitam o acúmulo de substâncias orgânicas, gordura ou umidade. Por isso, é necessário impedir que fendas, rachaduras, rupturas de qualquer tipo permaneçam nos pisos sem que sejam consertadas. O material de construção dos pisos é muito importante. Devem-se evitar os materiais que não permitam o uso freqüente de detergentes ou de agentes de limpeza similares e desinfetantes. Também por razões de segurança devem-se evitar os materiais escorregadios, especialmente quando estão úmidos. Nunca se devem usar tapetes, carpetes ou similares nos pisos das cozinhas. Também, devemos recordar que as uniões entre pisos e paredes devem ser arredondadas, para facilitar a limpeza e desinfeção e evitar a acumulação de desperdícios e de restos orgânicos.

As paredes das cozinhas, especialmente nas áreas onde os alimentos crus ou cozidos são manipulados com maior freqüência, devem ter revestimento de materiais não porosos, facilmente laváveis, como, por exemplo, azulejos cerâmicos, placas plásticas, aço inoxidável, etc. O uso de madeira sem tratamento, papel de parede, pinturas não laváveis, deve ser evitado. Em muitos países se exige que a cor das paredes seja muito clara, para evitar que a sujeira se esconda em superfícies com cores escuras. Obviamente, as paredes da cozinha não devem apresentar rachaduras, cavidades ou rupturas que facilitem a acumulação de sujeira e umidade, que convertem estas partes alteradas em verdadeiros ninhos microbianos, ou que facilitem a reprodução de insetos.

Os tetos são lugares que não recebem muita atenção em grande parte dos estabelecimentos. Talvez seja porque muitas pessoas acreditam que estas superfícies não entram em contato direto com os alimentos. Inclusive, ao se fazer a limpeza diária, não são considerados como áreas que necessitam atenção. A goteira provocada pela condensação da água nos tetos pode ser evitada com uma boa ventilação. A pintura e o material dos tetos devem ser escolhidos pensando na prevenção do desenvolvimento de fungos.

As janelas, não deveriam existir nas áreas de manuseio dos alimentos de uma cozinha. As janelas acumulam pó e sujeira; são difíceis de limpar. No caso de que existam janelas, elas devem ter redes metálicas para impedir a entrada de insetos, pássaros e outros animais. Os umbrais internos ou peitoris das janelas jamais devem utilizar-se como prateleiras para colocar utensílios, enfeites ou outros materiais.

As portas devem fechar o mais hermeticamente possível, para evitar a entrada de pó, de roedores e de insetos. Devem-se evitar as maçanetas ou similares que favoreçam a contaminação cruzada entre os alimentos, ao ser utilizadas pelo pessoal que manipula alimentos crus e pelos que manipulam alimentos já preparados. Nas cozinhas, geralmente, se usam portas de vaivém, que se abrem com pouca pressão de qualquer parte do corpo, e depois se fecham automaticamente.

Outras estruturas que existem nas partes altas das cozinhas, tais como tubulações condutoras de água ou de extração de fumaças ou vapores, as instalações elétricas, as coifas extratoras, etc. devem ser planejadas de tal forma que evitem a acumulação de umidade e de pó, que sejam facilmente acessíveis e fáceis de limpar.

O condicionamento do ambiente de uma cozinha é um dos aspectos que mais merece atenção. Não é suficiente construir uma bela cozinha, com os melhores materiais, se não tivermos todo cuidado com o controle de seu ambiente. Os fatores que devemos considerar são: a iluminação, a ventilação e o condicionamento do ar, as câmaras frigoríficas e de congelamento.

A boa *iluminação* é fundamental por diversos motivos. É indispensável que a iluminação permita localizar todos os lugares onde pode acumular-se a sujeira, também deve facilitar a inspeção para saber se a limpeza foi efetuada corretamente. Uma iluminação adequada é também importante por razões de segurança do pessoal. A luz pode ser natural ou artificial, mas de nenhuma maneira deve alterar significativamente as cores. A fontes luminosas devem localizar-se de tal forma que não projetem as sombras dos funcionários sobre as superfícies em que eles trabalham. Segundo o *Codex alimentarius*, nos lugares em que se processam alimentos a iluminação deve ter uma intensidade mínima de:

- 540 lux em todos os pontos de inspeção;
- 220 lux nos ambientes de trabalho;
- 110 lux nas áreas restantes.

Também é de fundamental importância que todas as lâmpadas e tubos fluorescentes estejam devidamente protegidos para evitar que os alimentos sejam contaminados acidentalmente com fragmentos de vidro, em caso de quebra; este é um detalhe que se esquece até nas cozinhas dos lugares mais sofisticados. Isto é muito mais importante nos lugares onde se limpam e armazenam os utensílios, por ser lugares mais expostos a quebras por impacto.

A ventilação é um dos fatores-chaves para a eficiência e eficácia de uma cozinha. As correntes de circulação de ar podem ser o veículo no qual se espalham os microorganismos patogênicos e os alteradores, para disseminar-se por todas as áreas da cozinha; por este motivo, o tipo e *design* dos aparelhos de ventilação devem ser cuidadosamente avaliados para evitar um efeito contrário ao que se pretende com a ventilação. Os filtros utilizados nos equipamentos de ventilação contêm freqüentemente grande quantidade de microorganismos, pelo que devem ser revisados com freqüência e trocados quando for necessário. Os ductos também se transformam facilmente em reservatórios de pó e de esporos de fungos. A ventilação cumpre funções muito importantes numa cozinha; entre as que mais se destacam podemos citar: a diminuição da possibilidade de acumulação de gorduras que, além de proporcionar odores desagradáveis, contribui com a sujeira das superfícies, e aumenta as possibilidades de incêndio nas instalações; a ventilação reduz as fumaças, os gases, e os odores freqüentes nas cozinhas; dissipa os vapores, diminuindo a umidade ambiente e elimina a possibilidade de haver condensação nos tetos e sobre as paredes, o que ocasiona gotejamentos que podem contaminar os alimentos, ou formar poças ao cair sobre os pisos, o que aumenta o perigo de escorregões; reduzindo a umidade ambiente se diminui também o desenvolvimento de fungos; a ventilação diminui o calor ambiental, reduzindo a possibilidade de multiplicação dos microorganismos presentes nos alimentos não refrigerados, ao mesmo tempo a diminuição da temperatura ambiental contribui na melhoria da segurança do trabalho, assim como com o aumento do conforto dos trabalhadores evitando a fadiga.

É preciso controlar a ventilação e a renovação do ar para impedir variações bruscas na temperatura ou sua desigual distribuição nos diferentes ambientes. Deve-se evitar a formação de correntes frias que possam afetar a saúde dos funcionários. Na instalação e na manutenção das instalações de ar condicionado e de ventilação, devemos ter presente também o que foi indicado no capítulo sobre meio ambiente, em relação às doenças dispersadas pela água.

Salas de Jantar e Salas de Banquete

Estas áreas do local são as mais favoráveis para desenvolver e aplicar o bom gosto e elegância e, especialmente, à capacidade imaginativa dos proprietários e diretores da empresa. Mas, seja qual for o projeto ou ambiente adotado, não se deve esquecer jamais que estas áreas devem cumprir as condições que permitam manter a qualidade e a higiene dos alimentos, além de oferecer comodidade e relax aos clientes do estabelecimento. Os materiais utilizados na construção desta parte do local devem facilitar uma limpeza adequada. Se o ambiente é acarpetado, deve-se ter um cuidado especial com a umidade. Essa circunstância favorece o desenvolvimento de fungos ambientais, que além de contaminar os alimentos produzem odores muito desagradáveis e grandes transtornos aos comensais que sofrem manifestações alérgicas ocasionadas por esses fungos. Para evitar o acúmulo de umidade, é indispensável uma boa ventilação e, às vezes, a instalação de condicionadores de ar, adequadamente distribuídos.

A iluminação é um outro fator que deve ser considerado. Muitas vezes nestes ambientes há pouca iluminação, para deixá-los mais "românticos", ou para favorecer a privacidade dos clientes. Mas deve-se considerar que a iluminação do local, quando não estejam presentes os clientes, deve ser *excelente*, para permitir uma adequada limpeza e para poder detectar tanto o acúmulo de sujeira, como restos de alimentos, insetos, etc. Nos espaços onde se instalam os bufês, deve haver uma boa iluminação; quando estes lugares estão na penumbra, ou com luz muito tênue, propicia-se a contaminação dos alimentos oferecidos, ao favorecer o aumento de erros e as práticas incorretas por parte dos comensais.

Serviços Sanitários e de Eliminação de Lixo

Embora possa parecer mentira, a capital importância que possuem os serviços sanitários, e entre eles a provisão de água potável, os esgotos apropriados, as áreas e utensílios utilizados para a coleta e eliminação do lixo, e do lixo sólido, é muitas vezes esquecida quando se projeta a construção do restaurante, ou quando se está adaptando um local para essa finalidade. Porém, é indispensável considerar esses aspectos para poder garantir a qualidade e inocuidade dos alimentos servidos num estabelecimento.

A carência *de água potável* é uma causa freqüente de transmissão de doenças entéricas nos restaurantes. Embora em alguns países não existam regulamentações oficiais neste aspecto, a administração dos estabelecimentos deveria preocupar-se e realizar as atividades necessárias para provar, e conseguir, que a água consumida cumpra com a mais recente edição dos padrões internacionais para a água de beber, recomendada pela Organização Mundial da Saúde. Deve, sempre, garantir-se uma adequada provisão de água potável, e com uma pressão adequada. As cisternas, caixas ou recipientes onde se armazena a água, seja proveniente do serviço público ou de poços artesianos, devem estar suficientemente protegidas para evitar que a água seja contaminada pelos pássaros, roedores, insetos, chuva, etc.

Um dos perigos mais freqüentes nos restaurantes e fábricas processadoras de alimentos é o gerado pelo efeito sifão que se produz quando as cisternas ou tanques estão localizados em baixa altura, e ocorre, por exemplo, uma queda brusca na pressão da água, por um aumento na demanda ou pelo fechamento do registro geral; isto tem como resultado que a água contaminada ou o conteúdo dos esgotos vai para os depósitos de água potável. Outra causa comum deste efeito sifão é o costume freqüente do uso de mangueiras para lavar as instalações. Muitas vezes as mangueiras, que estão conectadas às torneiras, são deixadas submersas em baldes ou tanques que contêm água suja ou detergente, o que provoca uma contaminação cruzada quando a pressão da água cai. As mangueiras não devem ser usadas desta forma quando não se dispõe de dispositivos de prevenção do efeito sifão, tais como controladores de vácuo ou válvulas de escape de ar.

O uso de água não potável, em diversas partes do estabelecimento, necessária por exemplo na limpeza ou irrigação de plantas, etc. deve obrigar o uso de precauções especiais (código de cores, operações *fool proof* ou seja, à prova de distraídos ou inexperientes, etc., para evitar o uso acidental desta água na preparação de alimentos, na lavagem dos utensílios, ou como bebida.

Os esgotos possuem elevadas cargas de microorganismos alteradores dos alimentos e, especialmente no caso dos restaurantes, podem conter microorganismos capazes de produzir doenças. É por isso que na construção dos encanamentos de esgoto devem ser tomadas todas as precauções para evitar que se transformem em fonte permanente de contaminação dos alimentos. Devem ser fechados. Devem ter uma capacidade mais que suficiente para a carga que devem suportar, e também deve levar-se em conta a possibilidade de demandas extraordinárias de trabalho ou de crescimentos futuros. Os ralos devem possuir dispositivos para controlar a saída de mau cheiro, e devem ser construídos de forma a facilitar a eliminação de águas para o exterior do estabelecimento, impedindo que acidentalmente possam derramar-se no seu interior. Algumas legislações nacionais obrigam a tratar os esgotos antes de enviá-los aos coletores públicos. Deve-se evitar de todas as formas possíveis as perigosas contaminações cruzadas com o encanamento ou depósitos de água potável. As instalações devem ser feitas por engenheiros sanitários ou por técnicos especialistas, devidamente capacitados e autorizados.

Os serviços sanitários ou banheiros propriamente ditos devem existir em número suficiente para o pessoal e para o número de clientes atendidos. Na medida do possível, os banheiros destinados ao pessoal devem estar separados daqueles oferecidos aos clientes. Em nenhuma hipótese deve-se permitir que a localização dos banheiros obrigue os clientes a atravessar a cozinha ou as áreas onde se manuseiam os alimentos. Devem possuir portas em bom estado de funcionamento. Nem elas e nem as janelas devem abrir-se para áreas em que se manuseiem alimentos. Os vasos sanitários devem possuir tampa e um sistema de descarga de água em muito bom estado. O sistema deve estar projetado para evitar a produção do perigoso "efeito *spray*". Os banheiros devem possuir água fria e quente, sabonete (de preferência líquido e com bactericidas), a secadora elétrica com ar quente, para as mãos, e toalhas descartáveis de papel. No caso dos banheiros destinados ao pessoal é aconselhável instalar nas pias e nos vasos sanitários pedais para a saída da água, no lugar das torneiras acionadas com as mãos para evitar a recontaminação. As pias devem ter uma localização que obrigue ou lembre aos funcionários que devem lavar as mãos antes de sair do banheiro. É aconselhável pôr a disposição do pessoal escovinhas para as unhas.

Os espaços e os utensílios destinados à *eliminação de lixo* ou de restos sólidos merecem uma atenção especial. Um erro freqüente, devido provavelmente à natureza destes materiais, é não prestar a devida atenção aos recipientes onde serão colocados, nem aos lugares onde serão armazenados, antes da disposição definitiva deles. O material dos recipientes deve ser não corrosível e resistente às freqüentes lavagens e desinfecções que receberão. Também deverão ser herméticos, para que não ocorram gotejamentos ou vazamentos do material ali depositado. Devem possuir tampas em bom estado. É conveniente pintá-los e colocar-lhes rótulos para evitar erros na sua localização ou manuseio. Também os sacos de polietileno grosso podem ser muito úteis para estes fins.

Os restos orgânicos e materiais sólidos devem ser extraídos do estabelecimento, especialmente das áreas onde se manipulam alimentos, com a maior freqüência possível. Deve-se designar um lugar, com porta e fechadura, para colocar os recipientes nos que se depositam os restos e o lixo. Este lugar deve ser bem ventilado; em alguns estabelecimentos de categoria superior, estes lugares possuem algum tipo de refrigeração. Os pisos devem ser de material não absorvente, e fáceis de limpar. As portas destes lugares não devem abrir para áreas onde se manipulem os alimentos. Não devem possuir janelas.

Arredores do Local

É necessário prestar atenção às condições em que se encontram os arredores do estabelecimento. É um erro grave cuidar da higiene e da aparência somente do interior do negócio. Se os arredores próximos ao local são sujos, se há acúmulo de lixo e esgotos na via pública, etc. se criam condições para a proliferação de roedores, insetos, aves que comem restos em decomposição, cachorros e gatos de rua que contribuirão para o aumento da contaminação ambiental e, como conseqüência, dos alimentos manipulados no interior do estabelecimento. Por outro lado, a imagem de limpeza, asseio e higiene, e o prestígio de um estabelecimento serão gravemente afetados se os seus arredores apresentam as falhas que temos assinalado.

Equipamentos

Os equipamentos que têm contato com os alimentos podem converter-se em reservatórios de microorganismos, ou inclusive em verdadeiros ninhos microbianos. Esses micróbios podem ser os que alteram a qualidade dos alimentos ou os patogênicos e, em qualquer um dos casos, podem gerar enormes perdas econômicas e trazer grandes problemas para a empresa. Essa possibilidade deve ser considerada tanto na compra como no uso dos equipamentos. Geralmente se devem considerar as características de eficiência no uso que se dará, sua eficácia, seu tamanho para o volume ou carga de trabalho para o qual se destina, sua aparência estética, preço, custo-benefício, e a segurança para operadores, etc. É necessário levar em conta o que tem relação com as possibilidades de contaminação, por isso é importante considerar prioritariamente as três condições seguintes: 1. o equipamento deve ser fácil de limpar; 2. na medida do possível, o equipamento deve proteger o alimento da contaminação; 3. o equipamento deverá permitir a monitoração e o controle do seu funcionamento, por meio de instrumentos, ferramentas ou utensílios muito simples. Entre esses instrumentos podemos citar, por exemplo, termômetros incorporados, manômetros, medidores de fluxo, de pH, detetores de gases, etc.; é conveniente que possuam capacidade para o registro de funcionamento, como cartas impressas, fitas indicadoras, leitoras digitais. Os indicadores sonoros ou luminosos, e outros mecanismos de segurança, são elementos muito importantes. Atualmente, existe a possibilidade de usar mecanismos computadorizados para o controle do funcionamento.

Felizmente, várias organizações de diferentes países preparam e publicam padrões para os equipamentos utilizados na indústria e serviço de alimentos. Esses padrões podem ser utilizados como guia quando se trata de adquirir equipamentos para o restaurante ou hotel, isto facilitará muito uma tarefa de tanta responsabilidade. Os padrões preparados pela NSF International dos EUA - antigamente denominada National Sanitation Foundation - são um exemplo muito interessante por ser elaborado com seriedade; nenhum padrão de NSF é aprovado se não recebe o aval de seu Conselho de Consultores em Saúde Pública (Council of Public Health Consultants), integrado por especialistas que representam diversas áreas da especialidade, e que podem atuar com a mais absoluta e total independência de critério.

As características gerais nas quais a NSF International fundamenta seus padrões, que devem ser aplicados nos equipamentos para alimentos, constituem um bom modelo a ser seguido (ver Anexo 7).

Os equipamentos que cumprem os padrões da NSF International possuem em lugares visíveis as correspondentes etiquetas com o respectivo logotipo (ver Fig. 8.1). É necessário precisar que a marca de NSF é dada somente aos equipamentos comerciais fabricados para operações nos restaurantes e outros estabelecimentos de alimentação coletiva. Os equipamentos domésticos não recebem a certificação mencionada. No caso dos circuitos elétricos dos equipamentos, é freqüente o uso da certificação da Underwrites Laboratories (UL) (ver Fig. 8.2).

Figura 8.1 – Distintivo de certificação da NSF International.

Figura 8.2 – Logotipo da certificação da Underwriters Laboratories (UL).

As câmaras frigoríficas e de congelamento: estes equipamentos necessitam de especial atenção e controles freqüentes para verificar se seu funcionamento é adequado, assim como higienizar, desinfetar e verificar o correto funcionamento dos sistemas de renovação de ar. É uma prática aconselhável a comparação da temperatura interior em vários pontos das câmaras, com as leituras dos termômetros dos equipamentos. Observar muito bem os sistemas de drenagem dos líquidos de descongelamento, que muitas vezes se transformam em focos de infeção, de contaminação e de mau-cheiro. Algumas vezes, inclusive têm-se encontrado roedores que vivem no interior de câmaras frigoríficas.

Muitas das características e condições indicadas para os equipamentos se aplicam aos *utensílios* de uso freqüente nas cozinhas e restaurantes. É importante que todos os utensílios utilizados para cozinhar, servir e comer, sejam feitos de material não tóxico, não corrosivo. É necessário ter cuidado com certos utensílios, aparentemente inofensivos, mas cujo material pode ocasionar problemas de saúde; por exemplo, as jarras para água feitas em cerâmica com alta concentração de chumbo, que pode passar para seu conteúdo. Alguns utensílios chineses muito bem decorados apresentam também este perigo. O *design* dos utensílios também deverá impedir a acúmulo de restos orgânicos e deverá facilitar a limpeza.

É necessário destinar espaços exclusivos para guardar utensílios, talheres, pratos, cristais, etc. Estes espaços devem estar muito bem protegidos para que não recebam pó e nem entrem insetos e roedores neles. Devem localizar-se em lugar de fácil acesso para os funcionários que os utilizarão. É aconselhável ter uma reserva adequada, para casos de grande demanda ou para substituir os que estão sendo usados, em caso de quebras, reclamações, etc.

Capítulo 9

Pessoal

A inocuidade de alimentos é um problema de pessoas. São pessoas as responsáveis pelos surtos de Doenças Transmitidas por Alimentos, são as pessoas as que sofrem. As "pessoas" são os proprietários e os gerentes de indústrias alimentícias e de estabelecimentos de alimentação coletiva, e seus respectivos fornecedores, são as autoridades sanitárias, são os consumidores e são, principalmente, os manipuladores de alimentos (cozinheiros, ajudantes de cozinha, garçons, etc.). Como todas as pessoas são, de uma ou de outra maneira, manipuladoras de alimentos, quando este *Manual* se refere aos manipuladores fica subentendido que se trata dos profissionais que manuseiam os alimentos, ou seja, os que recebem um salário, diária ou qualquer outro tipo de recompensa material por executar essas tarefas. Na alimentação coletiva, deve-se dedicar a máxima atenção aos manipuladores pelos problemas sanitários e de qualidade ocasionados por possíveis erros cometidos por eles. (Por extensão, obviamente, também os que não são manipuladores profissionais deveriam adotar as boas práticas.)

Porém, sabe-se que na indústria da alimentação coletiva, especialmente nos países menos desenvolvidos industrialmente ou com menor ou nenhuma "tradição" em higiene alimentar, uma das maiores dificuldades é encontrar pessoal com os conhecimentos, atitudes e habilidades necessárias para manipular os alimentos de forma adequada e com responsabilidade. Além disso, é indispensável que o conhecimento, a atitude e a habilidade estejam acompanhadas da higiene pessoal, da boa aparência e do comportamento diário impecável. Os clientes têm razão ao julgar a qualidade de um estabelecimento de alimentação coletiva por estas características dos manipuladores. Mas, resumidamente, para prevenir as doenças transmitidas pelos alimentos, que podem ser causadas por erros daqueles que os manuseiam, o que se deve obter deles é: que se mantenham com boa saúde; que conheçam e apliquem os procedimentos do manuseio higiênico dos alimentos; e que sejam rigorosos com a sua higiene pessoal.

Contratação de Pessoal

Os esforços para conseguir que o estabelecimento conte com pessoal qualificado têm no processo de contratação um dos aspectos mais relevantes. Como acabamos de mencionar, em alguns países ou cidades é muito difícil encontrar pessoas com a atitude, a aptidão e os conhecimentos necessários para poder classificá-las como boas manipuladoras de alimentos, no presente e no futuro. Por outro lado, dado que o setor da alimentação coletiva é um dos que mostra maior rotatividade de pessoal, é aconselhável que se façam todos os esforços para atrair pessoas que tenham verdadeira vocação para trabalhar nesta atividade, e que demonstrem que desejam permanecer nela, por um tempo prolongado.

Parte desses esforços se inicia com os preparativos para uma contratação. Seja um estabelecimento pequeno, médio ou grande, não devemos esquecer alguns passos fundamentais. Para começar, é necessário preparar um pequeno documento com a *descrição das tarefas,* no qual constem as responsabilidades, tarefas, atividades diárias ou as que se repetem com freqüência semanal, mensal, etc.; depois, devem-se indicar as características pessoais que deve possuir o candidato, quais habilidades, quais conhecimentos, que antecedentes ou experiência na área. Na solicitação que o candidato vai preencher, deve ser perguntado como cumpre os requisitos, é importante também solicitar referências trabalhistas, e se as apresentar devem ser confirmadas; uma boa indicação sobre o candidato é sua disposição para a superação, e isto pode ser demonstrado, por exemplo, com a apresentação de certificados ou diplomas recebidos por ter realizado, ou ter sido aprovado em cursos de capacitação para a manipulação de alimentos. O anúncio para convocar os candidatos, colocado na frente do estabelecimento, num comércio próximo ou num jornal local ou de circulação nacional, deve ser o mais explicito possível para tentar conseguir os melhores candidatos, e para desanimar os que não estejam capacitados, o que nos faria perder tempo; não é suficiente escrever "Necessita-se ajudante de cozinha... ou garçom... ou cozinheiro", deve-se indicar da forma mais resumida possível, mas claramente, as características indispensáveis requeridas das pessoas que desejam conseguir a vaga, e todas as possibilidades de satisfação profissional, e de ascensão, que se oferecem aos que forem selecionados.

A entrevista pessoal deve ser o mais minuciosa possível, mesmo que se trate de um simples ajudante de cozinha, ou da pessoa encarregada da limpeza (que de certa forma, também "manipula alimentos"); do tempo e atenção que dediquemos a esta entrevista, depende em grande parte, o sucesso que vamos obter na seleção adequada do pessoal que manuseia os alimentos; por isso, é necessário dar instruções para não ser interrompido na metade de uma entrevista pessoal com um candidato. Uma vez realizada a seleção, deve-se organizar o treinamento dessas pessoas, o que se fará seguindo as diretrizes indicadas na respectiva seção deste *Manual*. Outra das atividades a ser desenvolvida de forma permanente é a observação constante e a monitoração do desempenho de todos os funcionários, especialmente dos novos, mas os antigos também podem adquirir maus hábitos ou realizar práticas inadequadas, pelo que é necessário incluí-los na observação atenta e contínua efetuada pelos supervisores. Devemos recordar sempre que o controle não deve ser exercido "sobre" as pessoas, mas sobre o trabalho que realizam.

Dada a influência que os manipuladores de alimentos têm no êxito ou no fracasso de um estabelecimento de alimentação coletiva, devido à sua responsabilidade para garantir a inocuidade dos alimentos servidos, sua qualidade e o serviço oferecido, é conveniente discutir diversos aspectos relacionados com esta parte do pessoal.

É necessário, em primeiro lugar, considerar que a problemática gerada pelos manipuladores de alimentos é complexa e não é de fácil solução. Quais são os "fatores opostos", que dificultam uma solução fácil do problema e provocados pelos que manuseiam os alimentos na restauração coletiva? Alguns desses fatores são as seguintes características que, de forma geral, os acompanham:

Características dos Manipuladores de Alimentos – Aspectos a Considerar

- Grau de instrução elementar;
- Nível socioeconômico-cultural baixo, na maioria das vezes;

- Contexto socioeconômico-cultural no qual vivem: especificamente as condições sanitárias inadequadas dos seus bairros e casas;
- Salários baixos;
- Alta rotatividade;
- Falta de incentivos;
- Falta de compreensão da importância de quem manuseia alimentos por parte das empresas;
- Falta de meios no estabelecimento para executar as noções teóricas que pode possuir o manipulador de alimentos, para passar "da teoria à prática";
- Dificuldade em compreender os fundamentos da inocuidade dos alimentos.

O que é necessário para que o manipulador de alimentos seja um elemento realmente confiável do ponto de vista da inocuidade dos alimentos? Há aspectos cognitivos, voluntários, afetivos, de conduta, etc., que devem ser considerados atentamente, sempre que esta problemática for abordada com seriedade. Os principais aspectos que devem ser discutidos, alguns talvez repetitivos em relação aos manipuladores de alimentos, poderiam ser os seguintes:

- Conhecimentos, informação;
- Experiência prévia: negativa ou positiva;
- Motivação, sensibilização;
- Atitudes;
- Conduta;
- Resistência psicológica às mudanças, especialmente naqueles manipuladores antigos que nunca receberam um treinamento formal ou intensivo em inocuidade de alimentos
- Responsabilidade pessoal;
- Opiniões pessoais em relação a aspectos sanitários;
- Hábitos pessoais;
- Influências culturais: superstições, falácias, idéias religiosas.

Conhecimentos sobre Inocuidade de Alimentos

É surpreendente, às vezes, o grau de desconhecimento que muitos manipuladores possuem sobre alguns aspectos da inocuidade dos alimentos, inclusive aqueles que trabalham em estabelecimentos importantes de alimentação coletiva. O mesmo se pode dizer em relação à informação que possuem. É ainda mais preocupante verificar que seus gerentes ou supervisores possuem a mesma deficiência. Num estudo realizado recentemente, apresentam-se os resultados de uma pesquisa realizada com gerentes e funcionários de 13 estabelecimentos, localizados numa pequena localidade de Michigan (EUA) que, entre outros artigos preparavam e vendiam comidas prontas para viagem, potencialmente perigosas. Das oito perguntas formuladas pelos entrevistadores, 51% dos gerentes e 48% dos funcionários responderam satisfatoriamente. A maioria dos gerentes superestimou seu grau de conhecimentos em saneamentos, eles estimaram possuir 71%, a realidade os colocou em 61%. Os funcionários também superestimaram seu grau de conhecimentos. Uma observação interessante foi a grande correlação entre o grau de conhecimentos por parte dos gerentes e as boas ou más condições sanitárias dos estabelecimentos. Uma das conclusões do estudo é que deveria ser obrigatório que os estabelecimentos de preparação e serviço de comidas contassem com a presença permanente de um gerente com certificado em inocuidade de alimentos.

Experiência prévia: negativa ou positiva: a experiência prévia na manipulação de alimentos é um fator que deve ser considerado. Devemos lembrar, porém, que uma experiência mais prolongada não é necessariamente melhor. Há experiências negativas, que têm conseguido fixar hábitos errôneos, muito difíceis de modificar.

Motivação, sensibilização: a motivação é um dos elementos-chaves para o desempenho adequado do manipulador de alimentos, os proprietários e os gerentes do estabelecimento devem realizar todos os esforços para motivar e sensibilizar positivamente os manipuladores.

Atitudes: um manipulador pode adquirir um grau aceitável de conhecimentos teóricos, mas se não possui atitudes positivas, em relação às medidas a serem tomadas para garantir a inocuidade dos alimentos que manuseia, de nada valem esses conhecimentos.

Conduta: se a conduta de um manipulador não condiz com a sua condição, serão inúteis os esforços realizados por gerentes e educadores. Em qualquer momento, a conduta inadequada pode causar graves problemas ao estabelecimento.

Responsabilidade pessoal: é fundamental insistir em que um manipulador de alimentos deve ser responsável. A falta de responsabilidade tem ocasionado verdadeiros desastres na alimentação coletiva.

Opiniões pessoais sobre aspectos sanitários: provavelmente relacionado com a conduta e a responsabilidade. Existem manipuladores que possuem um bom grau de conhecimentos, e têm conseguido desenvolver atitudes positivas, porém, com freqüência expõem conceitos relacionados com a não crença, ou insistindo em que não há necessidade de certas práticas sanitárias. Estas opiniões afetam os outros manipuladores, no cumprimento e na convicção para uma mudança de atitude, e contribuem para diminuir a moral coletiva e o espírito de equipe entre os manipuladores de alimentos.

Hábitos pessoais: certos hábitos pessoais relacionados com a manipulação de alimentos são muito perigosos. Mudá-los é uma tarefa árdua e muito difícil. Em algumas oportunidades, são hábitos que o sujeito adotou desde muito pequeno, outras vezes são quase que ancestrais.

Influências culturais: tradições, superstições, falácias, idéias religiosas: muitos fracassos se produziram quando se tem enfocado o problema do manipulador e a inocuidade dos alimentos, sem considerar estes aspectos; por razões de espaço não vamos discutir exemplos concretos. Porém, sabe-se que devido a algumas destas influências culturais têm ocorrido surtos, pois o manipulador evitou efetuar algumas operações durante a preparação dos alimentos, por não contradizer suas crenças, ou por temores injustificados. Alguns conceitos fundamentados nestas crenças poderiam ser bons se fossem aplicados nos nossos dias. Para certos grupos de castas "elevadas" da Índia (brâmanes), por exemplo, a cozinha é o lugar mais sagrado da casa, jamais entram nela de sapatos, e nenhuma pessoa alheia a ela pode entrar ali. Um ex-servidor destas famílias, transformado em manipulador em países ocidentais, talvez continue considerando uma cozinha (como talvez devesse ser para todos) como um lugar sagrado.

O que se refere ao conhecimento e aplicação da manipulação higiênica dos alimentos se analisará no capítulo dedicado à capacitação. Os aspectos de saúde e de higiene pessoal dos manipuladores se exporão nesta parte.

Muitas vezes, quando se discute o papel do manipulador na inocuidade dos alimentos, faz-se referência apenas à possibilidade de que ele seja a origem de um surto de Doença Transmitida por Alimentos devido à sua condição de *portador* de microrganismos patogênicos. Mas é necessário assinalar que o manipulador é, juntamente com o gerente do estabelecimento de restauração coletiva, o elemento-chave para oferecer alimentos inócuos, *independentemente* de sua possível condição de portador temporal de um microrganismo capaz de produzir uma Doença Transmitida por Alimentos. Antes de desenvolver estes temas é conveniente apresentar alguns comentários sobre um assunto muito controvertido em alguns países: os controles médicos e de laboratório, aplicados de forma rotineira.

Em 1979, o Escritório Regional da OMS para a Europa convocou um grupo de trabalho para que revisasse a situação dos "reconhecimentos sanitários" dos manipuladores de alimentos, considerasse sua efetividade e formulasse as recomendações que julgasse oportunas. No seu relatório, o grupo de trabalho desestimulou, entre outras coisas, o exame microbiológico rotineiro de matérias fecais para descobrir portadores de patogênicos entéricos.

Em 1988, o Escritório Central da OMS convocou uma Reunião de Consulta sobre Métodos de Vigilância Sanitária e de Gestão para Manipuladores de Alimentos. A Consulta reconheceu que os manipuladores infectados ou colonizados por germes patogênicos podem contaminar alimentos e transmitir assim determinadas doenças. Também concluiu que o pessoal que sofre de diarréia ou que apresenta lesões cutâneas infeccionadas em áreas que podem entrar em contato com os alimentos, ou doenças purulentas do nariz, ouvido, olhos ou outras partes expostas do seu organismo deve ser considerado como possíveis transmissores de germes patogênicos e portanto não se deve permitir que manipulem alimentos não embalados que devam ser consumidos crus ou sem posterior cocção ou outra forma de tratamento.

A Consulta discutiu sobre os manipuladores clinicamente saudáveis mas que são excretores assintomáticos de germes patogênicos entéricos, concluindo que não apresentam um risco muito maior de transmitir doenças, através dos alimentos, que os trabalhadores que não excretam esses germes. Somente deve-se evitar que manipulem alimentos não embalados que devam consumir-se crus, ou sem outra forma de tratamento posterior, aquelas pessoas que se sabe são portadoras de *Salmonella typhi*, o microrganismo que produz a febre tifóide.

Mesmo assim, a Consulta recomendou que se deve fazer com que os manipuladores compreendam a necessidade de informar imediatamente à gerência quando ficam doentes. Em tal caso, se for necessário afastá-los do trabalho devido à natureza da doença, deve-se evitar que sofram perdas econômicas por este motivo. Muitas vezes a doença endêmica ou o estado excretor de patogênicos entéricos é adquirido pelo manipulador no próprio estabelecimento no qual trabalha.

No que se refere aos reconhecimentos médicos e exames laboratoriais praticados sistematicamente, a Consulta concluiu que carecem de valor para a prevenção de Doenças Transmitidas por Alimentos e que é mais conveniente utilizar em programas de educação os recursos econômicos que seriam investidos nesses controles (ver capítulo sobre capacitação).

O anterior não significa que os manipuladores não sejam capazes de contaminar alimentos com microrganismos perigosos, pelo contrário. Todas as pessoas, incluindo as aparentemente sadias, podem abrigar sobre ou dentro do seu organismo diversos organismos patogênicos. Por exemplo, no intestino, os manipuladores podem ter germes tão perigosos como as salmonelas, *Escherichia coli* patogênicas, shigelas, *Clostridium perfringens*, podem também albergar parasitas como as amebas que provocam a disenteria, como *Giardia lamblia*, e podem ser portadores de vírus como os que produzem a hepatite A, etc. Sob a pele, nos cabelos, nariz, boca, ou garganta podem ter estafilococos patogênicos. Calcula-se que até 50% dos manipuladores sadios são portadores de microrganismos que podem transmitir-se através dos alimentos e causar doenças. No caso de algumas doenças, como a hepatite A, o indivíduo se encontra em estado infectante antes da aparição dos sintomas.

No que se refere a outras doenças, quando o manipulador está clinicamente doente, o risco de que transmita sua doença através dos alimentos aumenta drasticamente. A maioria das legislações sanitárias determina claramente que devem ser separados temporariamente do contato com os alimentos os manipuladores com gripe, dor de garganta, tosse, resfriados, processos diarréicos, cólicas, vômitos, febre, feridas infeccionadas ou supuradas, infeções nos olhos e ouvidos, etc. É preciso lembrar também que em várias doenças, mesmo depois da recuperação do doente, os microrganismos que a causaram permanecem no interior do organismo, transformando o manipulador em *portador* e em agente potencial de contaminação dos alimentos, às vezes por meses ou até anos. Mas sempre, e independentemente dessas circunstâncias, um manipulador com maus hábitos pessoais de higiene e desconhecimento das práticas higiênicas de manipulação será uma fonte latente de problemas de contaminação.

A Higiene Pessoal dos Manipuladores

É, como temos mencionado anteriormente, um fator fundamental que contribui grandemente na higiene dos alimentos. Além disso, como se tem destacado, a falta de higiene e a má aparência pessoal dos manipuladores desacreditam o estabelecimento, porque ofendem e desagradam aos clientes, fazendo com que suspeitem da higiene e da inocuidade dos alimentos que nele são servidos. São vários os aspectos que devemos considerar no que se refere ao aspecto e à higiene pessoal dos manipuladores. Entre os principais encontramos:

A roupa ou vestimenta utilizada durante o trabalho não deve ser *nunca* a que o manipulador utiliza para sair à rua, ir à sua casa, etc., ou seja, a roupa estritamente pessoal. É obrigatório que, mesmo em restaurantes pequenos ou familiares, utilize-se uma roupa exclusivamente destinada ao trabalho, ou seja, um uniforme especial branco ou de cor clara. Somente isto não é suficiente; o uniforme deverá estar *sempre* perfeitamente limpo e em bom estado de conservação; deve ser trocado para lavar e desinfetar (se possível) com a maior freqüência. Um uniforme sujo é uma causa freqüente de contaminação dos alimentos, que ocorre através das mãos do funcionário contaminadas ao tocar suas roupas sujas e depois manipular os alimentos. Em relação a isto se deve aconselhar os funcionários para que não tenham o péssimo e freqüente costume de enxugar as mãos nas roupas que vestem; é necessário vigiar o rigoroso cumprimento desta recomendação. A péssima prática de servir-se da roupa como toalha de mãos (e de rosto, às vezes!), ou para enxugar o suor, suja e deixa os uniformes malcheirosos; o mesmo ocorre quando se utiliza a roupa para proteger as mãos ao manusear caçarolas, frigideiras, panelas ou pratos que estão muito quentes. O modelo dos uniformes deve ser muito simples, e concebido para evitar estas práticas. Uma área do local deve ser reservada para que os trabalhadores troquem de roupa na chegada e na saída; deve possuir, na medida do possível, armários para que guardem a sua roupa.

Nas áreas em que se manipulam os alimentos, os funcionários devem, *obrigatoriamente*, usar uma *rede de cabelo*, ou *touca*, para evitar que os cabelos contaminem os alimentos. Além disso, evitar-se-á com essa prática que os manipuladores contaminem suas mãos e depois os alimentos, ao alisar-se o cabelo ou coçar o couro cabeludo. Os manipuladores que usam barba devem utilizar redes sobre ela. Não se deve tolerar que os funcionários tenham pentes nos seus bolsos, a facilidade de tê-los ao alcance das mãos incentivará seu uso freqüente nos ambientes onde se manipulam os alimentos.

O uso de máscaras deve ser desaconselhado. Acredita-se, por similitude ao seu uso nas salas cirúrgicas, que com elas evita-se a contaminação dos alimentos. Ao contrário, o seu uso favorece a acumulação de suor, saliva, secreção nasal, ou seja, substâncias muito contaminadas com micróbios, ainda mais em ambientes tão quentes e úmidos como a cozinhas. Ao tocar as máscaras com as mãos, estas se contaminarão como se o manipulador tivesse introduzido seus dedos na boca ou no nariz. Podem-se usar por curtos períodos na manipulação de alimentos para grupos especialmente vulneráveis.

O uso de luvas para a manipulação dos alimentos constitui uma boa ajuda sanitária, com a condição de que se cumpram determinadas condições. As luvas evitam que as mãos do manipulador entrem em contato direto com os alimentos. Infelizmente podem passar uma falsa imagem de segurança. Os manipuladores, por exemplo, não vêem a necessidade de trocar, ou de lavar as luvas, depois de tocar nos alimentos crus, lixeiras, etc., antes de manipular os alimentos já cozidos ou preparados. Com o uso de luvas os manipuladores perdem, ou não adquirem, o costume de lavar suas mãos freqüentemente. Além disso, as luvas de borracha ou plástico podem ocasionar acidentes ou outros problemas quando são usadas perto de superfícies muito quentes. Em alguns lugares foi testado o uso de luvas de diferentes cores, usando uma cor para cada seção ou tipo de alimento a ser manipulado.

Não se deve autorizar o uso de *jóias*, como anéis, pulseiras, braceletes ou relógios, enquanto se manipulam alimentos. Seu uso nessas circunstâncias, além de transformá-los em focos de acumulação de sujeira e micróbios por serem difíceis de limpar, é muito questionado, pois gera perigos físicos para os alimentos, já que parte deles pode cair nas panelas e provocar graves problemas (ver capítulo sobre inocuidade). Também, podem ser perigosos para os próprios manipuladores ao se prenderem em alguma máquina ou ao ficar em contato com superfícies muito quentes.

A política da empresa sobre a higiene pessoal dos manipuladores, o uso de uniformes limpos e as práticas e hábitos proibidos, deve estabelecer-se, comunicar-se e fazer-se cumprir desde o instante da contratação. É uma prática recomendável que, além de informar verbalmente sobre esta política, ela seja divulgada de forma escrita, colocando em lugares acessíveis placas ou cartazes que possam ser lidos pelos trabalhadores. A linguagem utilizada nesses impressos deve ser muito simples, com uma linguagem conhecida pelos manipuladores. É um bom costume fazer com que os trabalhadores assinem essas disposições, para documentar que foram lidas e que se comprometeram a segui-las.

A obrigação do *banho*, ao menos uma vez ao dia, deve fazer parte dessas regras. Esse banho deve incluir a *lavagem freqüente do cabelo*, principalmente no caso dos trabalhadores que os usem longos, e daqueles que sofram de caspa ou seborréia. É conveniente disponibilizar chuveiros com água quente, sabonete, xampu e toalhas no estabelecimento. Há trabalhadores que não dispõem de fornecimento adequado de água nas casas onde moram, e não poderiam cumprir com essa disposição por contra própria. O uso de desodorantes é muito recomendável, especialmente nos casos dos garçons e das camareiras.

As unhas das mãos devem estar curtas, lixadas e limpas. Uma das piores impressões numa inspeção sanitária é encontrar os manipuladores com as unhas longas e sujas. Nessas condições, elas são verdadeiros ninhos microbianos, que contaminam os alimentos com microrganismos de alta periculosidade. As unhas muito longas e as unhas postiças podem quebrar ou descolar e cair dentro dos alimentos. Também devemos salientar ou proibir que as manipuladoras pintem as unhas; o esmalte pode desprender-se ou "descascar" e contaminar fisicamente, estragando também a apresentação estética dos alimentos.

A lavagem das mãos é uma operação aparentemente simples, compreendida e aceita por todos os manipuladores e administradores de um estabelecimento de alimentação coletiva. Muitos a consideram uma panacéia que evita *todas* as causas de contaminação dos alimentos e que é suficiente que o manipulador lave as mãos para prevenir todas as doenças transmitidas por alimentos. Nada disso é totalmente certo. Porém, é verdade que a lavagem freqüente das mãos por parte dos manipuladores é o aspecto da higiene pessoal mais importante e crítico para prevenir as doenças transmitidas pelos alimentos. Numerosos surtos de doenças foram ocasionados porque um manipulador não lavou adequadamente as mãos depois de tocar numa ferida infeccionada, ou depois de ir ao banheiro, ou de trocar as fraldas de um bebê. Também não é certo que seja uma operação simples, muitos manipuladores de alimentos *não sabem* lavar as mãos. Uma lavagem incorreta pode ter mais conseqüências negativas do que positivas. Por exemplo, segundo um estudo realizado em 1965, uma lavagem rápida e rotineira das mãos pode fazer com que os estafilococos aflorem à superfície da pele, o que tem como resultado que após essa lavagem incorreta, as mãos tenham uma quantidade de micróbios maior do que antes. Uma lavagem correta das mãos deve seguir certas indicações e operações, para poder ser considerada efetiva. A lavagem deve combinar adequada e corretamente a ação emulsificante do sabonete sobre os lipídios e outras substâncias gordurosas que se encontram sobre a pele e o efeito abrasivo da fricção, permitindo finalmente que a água arraste todas as partículas que contenham microrganismos. O efeito mecânico da abrasão é tão importante que, em estudos realizados para prevenir doenças diarréicas, foi encontrado que, na ausência do sabonete, em condições rurais, a cinza permitia uma boa lavagem das mãos.

Uma boa técnica para a lavagem das mãos deve seguir os seguintes passos: molhar bem as mãos e os antebraços, inclusive os cotovelos, a água deve estar o mais quente que seja suportável; aplicar sobre as superfícies molhadas o sabonete (líquido e antibacteriano, se possível; acredita-se que o sabonete comum em barra pode favorecer a recontaminação); depois usar uma escovinha para limpar sob as unhas, enxaguar a escovinha com desinfetante depois de usar; esfregar as mãos, uma contra a outra com movimentos de rotação, durante uns 20 segundos, esfregar também os antebraços; enxaguar com água abundante os cotovelos, os antebraços e as mãos; enxugar-se com uma toalha de papel descartável; se a torneira não é do modelo ativado com pedal, tentar usar a toalha para fechar a torneira, assim se evita a recontaminação das mãos já lavadas. Depois evitar recontaminar as mãos antes de tocar os alimentos; alguns funcionários inclusive usam uma toalha de papel para tocar a maçaneta que abre a porta do banheiro, evitando assim a recontaminação; no passado se descreveram surtos de disenteria bacilar, nos quais as mãos do operador se contaminaram, depois de terem sido lavadas, ao tocar a maçaneta contaminada previamente com as mãos de um doente de shigelose, que não tinha lavado as mãos depois de defecar.

O manipulador deve lavar as mãos com a maior freqüência possível; é fundamental que as mãos sejam lavadas ao iniciar as tarefas do dia; é possível que o funcionário tenha lavado suas mãos ao sair da sua casa, mas durante o trajeto tocou superfícies muito contaminadas, ou pode ter apertado as mãos de outras pessoas, etc.; as mãos devem ser lavadas também depois de tocar os alimentos que ainda não foram processados, principalmente quando se tocou em frangos crus ou carnes; devem ser lavadas depois de ir ao banheiro, por qualquer motivo, e especialmente depois de defecar ou urinar; lavar as mãos depois de manusear baldes ou sacos de lixo, tocar animais domésticos, depois de ter tocado acidentalmente um furúnculo, ou ferida infeccionada ou depois de ter coçado alguma parte do corpo; depois de espirrar ou tossir, se as mãos foram usadas para cobrir a boca; no caso de mães que são manipuladoras, é indispensável que lavem as mãos cuidadosamente depois de trocar as fraldas dos bebês, as matérias fecais deles estão freqüentemente contaminadas com patógenos entéricos se a criança estiver com diarréia se deve proibir que a mãe ou a pessoa que tem contato com ela manipule alimentos.

Mencionamos anteriormente que não existe, geralmente, uma boa predisposição por parte dos manipuladores para lavar freqüentemente as mãos, consideram que isso é um incômodo, alegam que a pele das mãos se irrita ou racha, inclusive às vezes são os próprios supervisores que desestimulam esta prática, para que os funcionários não percam tempo ou não gastem excessivamente o sabonete ou as toalhas de papel.

Más Práticas e Péssimos Costumes

A falta de profissionalismo ou de disciplina por parte dos manipuladores faz com que seja freqüente observar a mais variada e incrível quantidade de más práticas ou hábitos, que atentam contra a qualidade e inocuidade dos alimentos, e desprestigiam os estabelecimentos. Entre elas se pode mencionar:

- Fumar ou mascar chiclete ou tabaco durante a manipulação dos alimentos deve ser totalmente proibido, porque favorece a sua contaminação;
- Também não se deve permitir que se ingiram alimentos durante o trabalho. Os cozinheiros devem utilizar práticas higiênicas para experimentar os alimentos que estão preparando, nunca devem usar para isso as conchas que servem para agregar ingredientes ou para misturar os alimentos, com eles podem extrair uma pequena porção que será colocada em um

prato pequeno ou em uma colher para experimentar; depois de usados o prato e a colher devem ser lavados e desinfetados;

- Hábitos aparentemente inofensivos, como colocar as mãos nos bolsos da calça, não são adequados para o manipulador, esse costume favorece a contaminação das mãos e depois, através delas, a dos alimentos com os quais trabalha; uma boa medida, é que as calças do uniforme não tenham bolsos;
- Cuspir no chão ou nas pias onde se lavam os alimentos, utensílios, pratos e talheres, é uma prática desastrosa, porém muitos manipuladores realizam sem perceber suas características anti-higiênicas e antiestéticas;
- Usar os panos de prato para secar o suor ou as mãos, ou para limpar o piso quando derramam algum líquido;
- Tossir ou espirrar perto ou sobre os alimentos, sem tomar medidas para protegê-los;
- Cortar as unhas ou fazer as unhas em áreas destinadas ao manuseio de alimentos;
- Lavar as mãos em pias destinadas à preparação de alimentos;
- Colocar os pratos, ou xícaras, nos que se serviram alimentos ou bebidas, uns sobre os outros, para poder trasladar um maior numero de cada vez;
- Pegar os copos, taças ou xícaras, pela borda ou pelo lado que se leva à boca;
- Segurar os talheres (colheres, facas, garfos, etc.) pelo lado que se leva à boca e não pelos respectivos cabos;
- Não usar pinças ou conchas para servir ou mudar de lugar determinados alimentos como pão, cubos de açúcar, etc., usando no seu lugar as mãos.

Capítulo 10

Higiene, Limpeza e Desinfecção

Geralmente, confunde-se higiene com limpeza, considerando-as sinônimos. Certamente estão intimamente relacionadas, mas não são a mesma coisa. *Higiene* é um termo muito mais amplo que significa "parte das Ciências Médicas que tem como objeto a conservação da saúde e a prevenção de doenças". A Enciclopédia Britânica define a higiene como "a preservação da saúde". *Limpeza,* porém, é "a qualidade de limpo, a ação ou efeito de limpar ou limpar-se". *Limpar* é "retirar a sujeira ou imundície de alguma coisa".

Também se confunde limpeza com *desinfecção*, porém esta última se refere à eliminação ou destruição dos microorganismos contaminantes, que podem estar contaminando uma superfície, um equipamento, um utensílio, os pratos ou talheres, etc. A simples limpeza que retira, como se pode apreciar pela sua definição, a sujeira ou a imundície, não é suficiente para matar ou destruir os micróbios e, por exemplo, em um prato ou garfo "limpos" à simples vista, os micróbios podem ter ficado aderidos à superfície e se faz necessário diminuir substancialmente seu número ou eliminá-los mediante procedimentos de desinfecção ou "sanitização". Como se sabe, a temperatura elevada, ou seja o calor, é o melhor remédio para a desinfecção. Os desinfetantes químicos vêm em seguida, mas devemos lembrar, como se analisa em outra parte deste *Manual*, que os resíduos de alguns agentes químicos que ficam nos utensílios, que não foram bem enxaguados, podem ser perigosos.

PROGRAMA DE LIMPEZA E DESINFECÇÃO

Para que a limpeza e a desinfecção sejam corretamente realizadas é necessário preparar antecipadamente, e por escrito, um *programa* específico. Isto poderia parecer algo puramente burocrático, ou talvez necessário unicamente nos grandes estabelecimentos, mas não é assim. A eficiência, a efetividade e a *economia* que se conseguem mediante a aplicação de um programa preparado previamente são extraordinárias. Todo serviço de alimentação coletiva, por menor ou simples que seja, deve estabelecer por escrito, e cumprir minuciosamente, um programa de limpeza e desinfecção. É claro que o programa, para que possa ser cumprido pelos funcionários, requer os utensílios e materiais de limpeza necessários.

O programa deve informar claramente sobre a importância da limpeza, da desinfecção e seus objetivos. Deve enfatizar que uma limpeza perfeita é pré- requisito para conseguir, posteriormente, uma desinfecção adequada. O programa deve definir desde o início se uma área ou equipamento deve receber uma limpeza a seco ou úmida. Deve assinalar a *freqüência* e o momento (dias e horários), assim como o *procedimento* a ser utilizado em cada lugar, superfície, equipamento ou utensílio. Deve especificar *quem* é o responsável pela limpeza e desinfecção de cada um deles. Deve assinalar claramente que ferramentas ou utensílios serão utilizados, quais os agentes limpadores e desinfetantes, e quanto tempo cada um deles necessita para agir com eficiência, como se enxaguará e secará cada objeto ou superfície depois da sua limpeza e desinfecção. Deve indicar, também, uma pessoa encarregada de supervisionar que os procedimentos se apliquem oportunamente e com eficiência, e quais os mecanismos de controle ou observações que se realizarão durante a inspeção correspondente. O programa escrito deve ser exibido em um lugar apropriado, e deve estar visível ou ao alcance dos seus usuários (todo o pessoal da empresa).

LIMPEZA

A limpeza é um procedimento que separa, suspende ou dissolve, geralmente em água uma vez terminados os trabalhos de limpeza, a sujeira encontrada no objeto ou na superfície que se deseja limpar. A efetividade da limpeza pode ser otimizada através de meios mecânicos ou químicos. Os meios mecânicos, ou seja, com aplicação de energia são, por exemplo, a fricção ou esfrega, a escovação, a aplicação de jatos de líquido ou pulverização, aplicação de jatos de água de intensidade variável, a agitação, etc. Os meios químicos se referem ao uso de substâncias químicas, conhecidas como agentes de limpeza, sabões e detergentes, entre outros, que podem emulsionar, diminuir a tensão superficial, provocar a suspensão ou a dissolução de diversos tipos de sujeiras. A limpeza, para que seja realmente efetiva, deve realizar-se com muita freqüência para eliminar os resíduos de alimentos, a acumulação de gordura, os depósitos minerais, o pó e qualquer outro tipo de sujeira que possa alimentar os microorganismos ou protegê-los. Sabemos que mais de 90% dos micróbios podem ser removidos eliminando a sujeira. Esses micróbios, como sabemos, podem provocar doença ou morte entre os consumidores, alterar a qualidade ou destruir totalmente os alimentos do estabelecimento. Além disso, e isto é muito importante, um ambiente limpo promove e favorece os hábitos higiênicos e eleva o moral dos trabalhadores.

Princípios ou Bases da Limpeza

Uma limpeza bem realizada não é necessariamente o resultado da simples conjunção de água, sabão e força muscular. Deve haver uma harmoniosa combinação de força mecânica, produto químico, tempo de contato e temperatura. A participação ou influência de cada um desses fatores varia em função do objeto ou superfície que se deve limpar, o tipo ou classe e a "antigüidade" da sujeira, a maior ou menor quantidade que possua de gordura, de matéria orgânica - sangue especificamente - e se estos últimos estão "cozinhados", queimados ou são "frescos", etc. As empresas sérias que fabricam detergentes e outros agentes limpadores, fornecem a informação necessária para a melhor utilização dos seus produtos. Também é fundamental saber se a água do estabelecimento é dura (ou seja com uma maior proporção de minerais dissolvidos - cálcio, magnésio e ferro - propridade que se mede em partes por milhão ou p.p.m.). Sabe-se que uma dureza elevada diminui a efetividade de alguns detergentes. Uma água muito dura pode deixar também, depósito de sais no fundo dos recipientes de cozinha ou nas máquinas de lavar pratos, etc.

Como foi mencionado anteriormente, é necessário que o proprietário e o administrador do estabelecimento se preocupem em manter uma reserva ou estocagem adequada de utensílios e de agentes químicos necessários para a limpeza e desinfecção. Os utensílios devem estar em bom estado, caso contrário devem ser substituídos por outros novos. O lugar para guardar ou armazenar os utensílios de limpeza e os agentes químicos para a limpeza e desinfecção (assim como os praguicidas) deverá ser exclusivo, na medida do possível, e sempre afastado do local onde se colocam os alimentos ou a baixela, talheres, panelas, etc.

Entre os utensílios de limpeza se encontram: vassouras de diferentes materiais e tamanhos para diversos usos, esponjas, baldes, panos ou toalhas, aspiradores de pó, luvas, óculos de proteção, etc.

Além da água, outros agentes de limpeza podem ser sabões, detergentes, desengordurantes, ácidos abrasivos, enzimas, etc. As substâncias de cada grupo possuem aplicações específicas, assim como vantagens e desvantagens. Os sabões, muito usados antigamente, utilizam-se cada vez menos na limpeza de utensílios e superfícies devido à dificuldade existente para eliminar seus resíduos no enxágüe, e pelos problemas que apresentam com a água dura; como vimos anteriormente, usam-se apenas para higienizar as mãos dos manipuladores, mas ficam certas dúvidas em relação à sua efetividade.

Pelo contrário, *os detergentes sintéticos* constituem um dos produtos de maior significação, para uma melhor qualidade de vida, que os profissionais químicos têm desenvolvido nos últimos anos. Sua utilização, porém, não está livre de dificuldades, desvantagens ou riscos, por isso devem tomar-se as devidas precauções para fazer uma seleção adequada em relação ao uso para o qual se destinam, eliminar os resíduos da melhor forma possível através de um enxágüe adequado, e tomar precauções para evitar a irritação da pele, freqüente em muitos usuários pelo uso de algum tipo de detergente. Além disso se deve lembrar que os *detergentes não são desinfetantes,* embora alguns fabricantes adicionem a seus detergentes alguns desinfetantes, clorados por exemplo, mas estes não chegam a possuir a efetividade requerida. É claro que não é necessário possuir conhecimentos de química para escolher ou usar os detergentes, mas é indispensável informar-se sobre o uso correto de cada um dos produtos, por meio da literatura preparada pelos fabricantes. Também, em hipótese nenhuma, os usuários devem preparar suas próprias misturas de detergentes com outros produtos, e muito menos tentar fabricá-los. Também se devem tomar as devidas precauções para não utilizar detergentes que tenham sido preparados de forma fraudulenta por fabricantes desconhecidos. A saúde dos usuários e dos comensais pode estar em risco. Todos os detergentes possuem agentes "tensoativos", ou seja, substâncias que diminuem a tensão superficial nos pontos em que o detergente entra em contato com a superfície suja, o que facilita a sua rápida penetração para soltar e dispersar a sujeira. Em geral, os detergentes utilizados na indústria de alimentos são alcalinos. Os detergentes que são *muito alcalinos*, ou seja, álcalis muito fortes, são usados a uma concentração entre 1 e 5%; entre seus componentes encontramos a soda ou hidróxido de sódio, e servem para facilitar a eliminação de ceras, gorduras e proteínas, especialmente as que se encontram cozidas, queimadas ou são muito antigas; precipitam com águas muito duras; entre suas limitações se pode mencionar que são altamente corrosivos, há muita dificuldade para eliminá-los totalmente com o enxágüe, além de muito irritantes para a pele e as membranas mucosas. Geralmente, utilizam-se nas máquinas de lavar louça, pelo que é perigoso utilizá-los para lavar as mãos. Os detergentes sintéticos de uso geral são *medianamente alcalinos*, são muito úteis para remover a sujeira recente das superfícies, utensílios e equipamentos. São utilizados com concentração de 1 a 10%; entre os componentes utilizados na sua fabricação encontra-se o carbonato de sódio, o fosfato trisódico, etc.; são também medianamente corrosivos e a concentrações elevadas podem irritar a pele. De forma geral, a perda da capacidade de produzir espuma de uma solução detergente indica que a sujeira tem-se aderido ao detergente e este já não é efetivo. Porém, há algumas marcas comerciais de detergentes que fazem pouca ou nenhuma espuma, pelo que se deve prestar atenção a esta característica.

Os agentes abrasivos são utilizados para eliminar a sujeira aderida firmemente às superfícies, e que, portanto, tem resistido à simples ação dos detergentes. São úteis, por exemplo, para limpar pisos muito sujos. Entre estes agentes encontra-se a cinza vulcânica, a sílice, a lã de aço, etc. São usados, em geral, combinados com os detergentes, mas é preciso tomar muito cuidado ao usá-los pois riscam as superfícies de plástico, de aço inoxidável, etc., além disso podem ferir a pele dos trabalhadores; finalmente, e isto é muito importante, suas partículas podem permanecer nas superfícies ou utensílios, contaminando posteriormente os alimentos, transformando-os em perigos físicos (ver capítulo sobre inocuidade). Talvez por esta desvantagem seja correto proibir o uso de muitos destes produtos nas cozinhas.

Os desengordurantes são utilizados quando algumas matérias gordurosas se aderiram fortemente a certas superfícies, como por exemplo em fornos, grelhas, etc. Estes agentes são em geral detergentes aos quais se agregaram alguns solventes, seu uso deve ser limitado a pequenas superfícies, pois são muito caros. Neste grupo também de podem colocar os agentes anfotéricos que se usam a 1 ou 2%, mas não é conveniente usá-los sobre superfícies que terão contato com os alimentos.

Os ácidos orgânicos ou inorgânicos servem para eliminar alguns tipos de sujeiras que não são afetadas pelos detergentes alcalinos. Por exemplo, o escurecimento da baixela de cobre ou de bronze, as manchas de óxido, as crostas que se formam nas máquinas de lavar pratos. Os ácidos orgânicos como o acético (vinagre), ou o láctico, são utilizados a uma concentração de 0,1 a 2%, são moderadamente corrosivos, sua ação pode ser inibida por vários compostos orgânicos. Os ácidos inorgânicos como o ácido clorídrico (muriático), sulfúrico, nítrico e fosfórico são utilizados com uma concentração de 0,5%, são muito eficazes para retirar as precipitações ou crostas formadas nas superfícies, mas são muito corrosivos para os metais; devem ser usados com muitas precauções, pois são altamente irritantes para a pele e para as membranas mucosas.

As enzimas proteolíticas são produzidas por cultivo de bactérias esporuladas. Utilizam-se a uma concentração de 0,3 a 1%; digerem proteínas e outras sujeiras orgânicas muito complexas, mas ficam inativas pelo calor, além disso algumas pessoas podem ser sensíveis a certos produtos com esta composição. No passado encontraram-se amostras destes compostos contaminadas com salmonelas.

Procedimentos e Aplicação da Limpeza

Como indicamos anteriormente, a limpeza pode ser a seco ou úmida. É necessário que se respeite o tipo de limpeza que cada ambiente ou superfície exige. Em poucas áreas, especialmente nos depósitos onde se armazenam produtos secos como arroz, farinha, cereais, leite em pó, enlatados, etc. se deve ter a precaução de fazer a limpeza a seco. Para este procedimento se utilizarão as escovas, aspiradores de pó, pano secos. Se for necessário eliminar manchas se podem utilizar pequenas quantidades de álcool etílico. Não se pode utilizar água ou outros líquidos que a contenham, já que a acumulação de umidade não somente favorece o crescimento de micróbios mas estragará as condições dos alimentos, particularmente por aumentar sua atividade de água (ver capítulo correspondente). Nessas áreas também é permitido o uso de espumas limpadoras. Em geral, não é necessário aplicar nenhum desinfetante nestes lugares.

Um simples varrido, como operação de limpeza, deve seguir também certas regras especialmente quando se tratam de estabelecimentos dedicados à alimentação coletiva. As diversas vassouras usadas em diferentes ambientes devem ser de uso *exclusivo* do mesmo. É uma prática muito inadequada e perigosa o uso de uma única vassoura para todos os ambientes do local, especialmente quando a vassoura é usada em ambientes "sujos", segundo a definição que se tem dado em outra parte do manual. A contaminação microbiana que uma escova recolhe em um desses ambientes se transfere facilmente para outra área, como a parte "limpa" de uma cozinha ou a sala de jantar. Jamais se deve varrer a seco, com exceção naturalmente das áreas de limpeza a seco, mas ainda nestes lugares é preferível não varrer e usar aspiradores de pó. A quantidade de pó junto com esporos de fungos e bactérias, e outros micróbios, que se levantam durante um varrido a seco, incomodará ou será perigoso para a pessoa que está fazendo a limpeza, e também porque disseminará a contaminação desse piso para outras partes do local, para os alimentos, etc. De forma geral, a limpeza e desinfecção dos pisos deve ser feita ao menos uma vez ao dia, ou melhor ainda, depois de cada serviço (por exemplo depois de preparar e servir o café da manhã ou o jantar, etc.) ou imediatamente depois de ter-se derramado líquidos, alimentos ou situações similares. Da mesma forma que no caso da vassoura, todos os utensílios de limpeza, como baldes, panos, escovinhas, etc. devem ser de uso exclusivo de uma determinada área para evitar a contaminação cruzada entre um ambiente "sujo" e um "limpo".

A limpeza de paredes, tetos, janelas, portas, tubulações, etc. deve realizar-se freqüentemente, evitando também a disseminação dos microorganismos para outros ambientes. É desnecessário mencionar que os banheiros devem merecer toda atenção por parte dos diretores do estabelecimento no que se refere à sua limpeza e desinfecção freqüentes. Os utensílios utilizados nestas áreas devem ser exclusivos dela. Tanto a aparência como a limpeza destes lugares constituem, o melhor (às vezes o pior!) cartão de apresentação de um estabelecimento de alimentação coletiva. Todas as superfícies destes locais, incluindo espelhos, tubulações, paredes, pias, etc. devem ser limpas e desinfetadas. Os vasos sanitários e mictórios devem receber uma atenção especial, devem ser lavados e desinfetados ao menos uma vez ao dia, e, se possível, depois de terminar o serviço de cada uma das refeições principais. Além disso, é necessário verificar que a provisão de papel higiênico seja adequada, assim como a de sabonete líquido, máquina de ar quente ou toalhas de papel para secar as mãos; desodorante ambiental, etc.

A limpeza úmida de superfícies, utensílios, baixelas, etc. deve realizar-se seguindo um procedimento específico para cada caso. Não existe uma receita padrão. Mas se deve lembrar sempre que a limpeza é a harmoniosa conjunção de força mecânica, substâncias utilizadas, tempo de ação e temperatura.

Os passos básicos da limpeza são, geralmente, sempre os mesmos, tais como: 1. eliminar a sujeira grossa enxugando com água fria ou quente, a temperatura da água dependerá do tipo de sujeira presente na superfície ou no utensílio que vai ser limpo, e da natureza do material que o compõe; 2. aplicar um agente químico, ou seja, um detergente, ácido, etc. que tenha sido selecionado considerando a natureza da sujeira, deixar agir por um tempo predeterminado; 3. esfregar ou friccionar com força, com uma escovinha ou pano, se necessário; 4. enxaguar com água fria ou quente, dependendo do que foi decidido; 5. proceder com a desinfecção, aplicando calor ou um desinfetante químico (ver adiante) pelo tempo estabelecido; 6. enxaguar o desinfetante químico, se ele foi o utilizado, com água potável, se as suas indicações do uso assim o determinam.

Limpeza da baixela e utensílios: naturalmente o método mais recomendado para este fim é a utilização de máquinas de lavar pratos, que combinam harmoniosamente, através de programas preestabelecidos, o detergente que se deve utilizar, o tempo, a temperatura e a força mecânica requerida. É necessário, porém, que o equipamento tenha recebido um certificado de uma organização especializada, e além disso que sua manutenção preventiva e corretiva se realize como corresponde. É muito recomendável, para as máquinas de lavar pratos utilizadas nos grandes estabelecimentos de alimentação coletiva, verificar se cumprem com os padrões específicos, por exemplo o padrão nº3 do NSF (Commercial Spray-Type Dishwashing Machines, versão de 10 de julho de 1996).

Para a lavagem manual as instruções detalhadas anteriormente devem ser seguidas. Por exemplo, a lavagem manual de utensílios, panelas, caçarolas, pratos, xícaras, copos, talheres, etc. deve ser feita seguindo-se rigorosamente os seis passos assinalados. Na grande maioria dos restaurantes se utiliza o sistema de pias ou compartimentos. É conveniente ir trocando paulatinamente para um sistema em que se utilizem três deles. Em um sistema de duas pias se utiliza a primeira com água e detergente a uma temperatura aproximada de 50°C, solução na qual se deixam de molho por um tempo determinado os objetos que devem ser lavados; depois, esfregar-se no segundo compartimento se enxágua com água limpa, secando depois ao ar livre; em um sistema de três pias, ao contrário, se utiliza a terceira para submergir os objetos em uma solução aquosa de desinfetante selecionado, e depois do tempo requerido, que geralmente é de um minuto, procede-se com a secagem ao ar livre.

Os utensílios, baixela e talheres, uma vez limpos e secos, são guardados em um lugar protegido contra a entrada de pó, insetos, roedores, etc. As prateleiras devem ficar afastadas do piso. As xícaras, copos, taças, etc. devem ser guardadas em posição invertida, os talheres devem estar dispostos de tal forma que os cabos fiquem para cima, para que os manipuladores, ao retirá-los, não se sejam obrigados a segurá-los pelas partes que logo depois se usarão para transportar os alimentos à boca.

Desinfecção

Como mencionamos anteriormente, a desinfecção é o procedimento que permite diminuir para níveis não perigosos, ou destruir totalmente, os micróbios que estejam contaminando uma superfície de trabalho, os pratos, os talheres ou um objeto qualquer. Na prática, o melhor desinfetante é o calor, já que as temperaturas elevadas aplicadas durante um tempo suficientemente prolongado, destruirão a maioria dos microorganismos contaminantes, podendo inclusive chegar à esterilização. O vapor de água, por exemplo, é um bom desinfetante. Mas, de forma geral, denominam-se desinfetantes as substâncias químicas cuja função é destruir os micróbios que ficam nas superfícies, baixelas, talheres logo depois que tenham sido lavados com detergentes e enxaguados. Os cinco desinfetantes mais utilizados são o cloro e seus compostos, os iodóforos, os tensoativos aniônicos ácidos, os compostos de amônio quaternário e os tensoativos anfotéricos. O uso dos desinfetantes na indústria da alimentação coletiva requer também o conhecimento de fatores que influenciam ou modificam a sua ação, ou seja, podem influenciar sobre sua eficácia. Entre esses fatores se encontram: a concentração, a temperatura, o tempo de contato, a dureza da água, o pH, a presença de resíduos de detergentes, o tipo e quantidade de matéria orgânica, o material da superfície ou do objeto que deve ser desinfetado, e, obviamente, a classe e a quantidade dos microorganismos contaminantes. Mas, além disso, no caso dos desinfetantes usados no ramo da alimentação coletiva, devem-se considerar: a possível toxicidade do desinfetante, sua possível capacidade corrosiva, sua atividade residual, seu efeito sobre o alimento preparado no estabelecimento, a possibilidade de que manche ou descolore os equipamentos ou superfícies, o custo, se seu uso está autorizado ou proibido, seus efeitos sobre o meio ambiente e sobre os esgotos ou estações de tratamento dos mesmos e se é necessário ou não enxaguar minuciosamente com água potável depois do seu uso (ver Anexo 8).

Outro dos problemas atuais nas fábricas de indústrias alimentícias e nos restaurantes é o da formação de biofilmes formados por colônias microbianas no seio de uma capa mucosa (*slime layer*) que se encontra aderida a uma superfície. A capa mucosa é formada principalmente por polissacarídeos. Devido ao fato de que nestes biofilmes os micróbios podem estar isolados dos nutrientes, e por isso mesmo expostos a deficiências nutricionais, eles se transformam em formas resistentes, uma espécie de *proteínas de resistência*, que possuem uma tolerância superior ao calor, à pressão osmótica, aos ácidos, ao cloro, etc. Uma contaminação dos alimentos por estas formas mais resistentes será muito mais perigosa, pelo que se faz necessário limpar, desinfetar, eliminar os biofilmes. A dificuldade consiste em que, devido à natureza polimérica dos biofilmes, aderem facilmente às superfícies, ao secarem a aderência é mais firme ainda, especialmente em superfícies rugosas, e mas resistentes aos detergentes. Isto obriga, faz com que seja aconselhável adicionar aos produtos de limpeza enzimas que sejam capazes de destruir ou quebrar os polímeros que favorecem a adesão. Por exemplo, em alguns casos se recomenda usar uma mistura de celulase, alfa-amilase e protease.

Como vemos, uma ação que pode ser considerada rotineira, ou mais uma entre tantas que devem ser realizadas ou decididas pelo administrador ou proprietário do estabelecimento de alimentação coletiva, como é a aparentemente simples compra e uso de um desinfetante, é de suma importância e exige uma análise atenta ou a ajuda de uma assessoria externa. Os estabelecimentos maiores fariam bem, inclusive, em procurar os serviços de um laboratório de microbiologia de alimentos, que possa assessorá-los e que realize as provas que considerem adequadas. Às vezes é necessário trocar periodicamente os desinfetantes utilizados, se os resultados do laboratório assim o aconselharem. Alguns donos de restaurantes têm considerado lógico ou apropriado, inclusive para utilizar como propaganda para seu estabelecimento, o uso de desinfetantes utilizados em clínicas ou hospitais, e assim transmitir uma imagem especial, por associação com as mais refinadas formas de assepsia. Porém, isso não é tão fácil; geralmente, os desinfetantes usados nos estabelecimentos de recuperação de saúde possuem um maior poder de corrosão, são mais tóxicos ou produzem odores muito fortes ou mudanças de odor ou de sabor nos alimentos. Assim, compostos como os derivados do fenol, formol ou alguns sais de metais pesados não podem, por essas razões, ser utilizados em lugares de alimentação coletiva.

É indispensável lembrar sempre que nenhum desinfetante deve ser usado para substituir a limpeza profunda de superfícies e utensílios. Nunca um desinfetante deve suprir a higiene do estabelecimento. Por outro lado nenhum desinfetante, por melhor que ele seja, atuará de forma adequada se as superfícies ou utensílios nos quais se aplica, não estiverem perfeitamente limpos; a sujeira, os restos de matéria orgânica, etc. neutralizarão o poder antimicrobiano do desinfetante, aumentando os custos desnecessariamente e dando lugar a que se crie uma falsa sensação de segurança ao acreditar que se tem efetuado a desinfecção de forma correta. É necessário também lembrar que uma vez preparadas as soluções de alguns desinfetantes, como por exemplo as de cloro, em concentrações para uso direto, não devem ficar armazenadas pois podem ter ação corrosiva e perder ser poder anti-séptico.

Outra precaução a ser considerada no que se refere à limpeza e desinfeção é que uma vez terminados os trabalhos de limpeza os utensílios de higiene, como as vassouras, panos, baldes, etc., devem ser limpos, desinfetados e guardados bem secos, para evitar que esses implementos sejam causadores de contaminações cuzadas muito perigosas. Não é raro comprovar que os objetos mais sujos de um estabelecimento de alimentação coletiva são *precisamente*, os que se utilizaram para *higienizar* as instalações. Isto é um absurdo e um contra-senso e deve fazer com que os proprietários e gerentes dos estabelecimentos reflitam.

Alguns grupos de especialistas, como por exemplo, a Comissão Internacional de Especificações Microbiológicas de Alimentos (ICMSF) tem sugerido recomendações adicionais para a limpeza e desinfecção em restaurantes e estabelecimentos similares. Entre essas recomendações encontram-se: a conveniência de utilizar toalhas de papel para esfregar e secar; é preciso lembrar que os panos e esponjas são difíceis de desinfetar, pelo que é melhor evitar seu uso (recentemente foi publicado um trabalho de pesquisa que recomenda a esterilização desses panos e esponjas, utilizando para isso o forno de microondas); usar sempre água potável para limpar. Recomendam também não esquecer que a péssima higiene de um estabelecimento de alimentação coletiva é o reflexo das más políticas aplicadas, das atitudes e do conhecimento do gerente ou responsável. A ICMSF também pede que se resolvam os principais problemas associados com o pessoal dedicado exclusivamente à limpeza, e entre eles: os funcionários encarregados da limpeza geralmente são os recém-contratados, que são designados para estes trabalhos, enquanto esperam outra função melhor ou mais interessante; esses novos trabalhadores não conhecem o trabalho e nem a política da empresa e portanto não compreendem o impacto que suas tarefas têm sobre a imagem ou qualidade do negócio; esses trabalhadores não são adequadamente treinados para a tarefa que devem cumprir, às vezes por considerar que "qualquer um sabe limpar", ou que esse trabalho é tão simples que não há nada que se deva ensinar para poder realizá-lo; os trabalhos de limpeza geral se realizam, quase sempre, à noite ou quando o estabelecimento não está atendendo clientes, os donos ou gerentes não estão presentes, e portanto não há uma supervisão adequada que possa também aconselhar para corrigir erros; há falta de conhecimento da necessidade de limpar e desinfetar os utensílios de higiene, que, como acabamos de ver, são sempre considerados como sujos; o pessoal da limpeza é quase sempre o pior remunerado da empresa; apesar disto, esse pessoal é usado como a "reserva" do pessoal para substituir, por exemplo, quando falta um ajudante de cozinha; pelas razões expostas o pessoal da limpeza sofre uma rotatividade muito grande e falta muito no seu trabalho;

freqüentemente, não há retribuição, reconhecimento ou agradecimento para eles quando realizam bem seu trabalho; a gerência não tem a disposição de utilizar recursos financeiros em tarefas que julga supérfluas como as de limpeza e desinfecção, os utensílios envelhecem sem ser trocados, os detergentes ou desinfetantes se acabam e se demora muito para fazer a reposição, etc.

Capítulo 11

Estudo e Controle de Pragas

Um dos problemas mais complicados e que gera grande mal-estar em proprietários e gerentes de estabelecimentos de alimentação coletiva, além de perdas econômicas e graves danos ao prestígio e à imagem da empresa, de qualquer tamanho ou nível, é o das pragas que invadem (ou ameaçam invadir) os locais mencionados. As pragas mais freqüentes nesses estabelecimentos são os insetos: baratas, moscas, outros (formigas, aranhas, traças, carunchos, etc.); e os roedores: ratazanas e ratos. Também certas aves podem ser consideradas pragas dentro dos locais, como, por exemplo, os pardais, as pombas, as andorinhas.

Os animais mencionados, além do grave perigo que representam ao contaminar os alimentos e os ambientes do local, com microrganismos e parasitas causadores de doenças ou de alterações nos alimentos, são também a origem de contaminações físicas desagradáveis ou perigosas que incluem, entre outras: pêlos, penas, larvas, matérias fecais, partes dos seus corpos como patas e asas (no caso dos insetos), ou seus cadáveres. Por outro lado, esses animais destroem grande quantidade de alimentos da empresa (ao comê-los) ou os deixam impróprios para o consumo pela sujeira ou as alterações que lhes causam. Além disso, e também muito importante, a presença repugnante de baratas, ratos ou seus restos, ou moscas, etc. pode ser causa de perda de clientela, por razões estéticas, ao tirar o atrativo desses lugares e prejudicar sua imagem e prestígio.

É um erro grave, da parte dos proprietários ou gerentes, acreditar que podem resolver o problema com a simples aplicação de inseticidas quando vêem os insetos, ou a colocação de ratoeiras quando suspeitam ou comprovam a existência de roedores. O problema e a sua solução são mais complexos.A melhor medida é a organização de um *programa integrado de controle de pragas*. Um programa dessa natureza tem como objetivo prevenir a entrada dos animais nocivos, detectá-los a tempo quando conseguem entrar e, nesse caso, destruí-los ou afastá-los do local sem perda de tempo; outro objetivo importante é a redução da exposição direta dos clientes e trabalhadores aos praguicidas. O programa poderia ser planejado e executado pela própria empresa quando se trata de empresas grandes e com suficientes recursos financeiros, administrativos e humanos. Porém, mesmo nestes casos, o melhor conselho é encarregar, através de um contrato, a formulação, a aplicação e o acompanhamento do programa a uma empresa especializada. O programa deve ser preparado *especificamente* para o local em que será desenvolvido, não devem aplicar-se receitas universais ou muito genéricas.

O programa indicará as precauções que devem ser tomadas na construção do local, ou as modificações ou reformas que devem ser feitas, se o local já estiver construído, para impedir a entrada dos animais perigosos. Estas práticas incluem, entre outras, a consideração dos alicerces, as paredes e pisos, os encanamentos, as janelas, as portas, os condutos de ventilação, assim como as áreas e jardins situados nos arredores do local.

No que se refere aos alicerces é necessário lembrar que eles devem ser feitos de concreto e não devem possuir rachaduras, fissuras ou fendas por onde possam passar ratos, ratazanas ou baratas; dizem que um rato precisa um orifício de apenas dois centímetros de diâmetro e uma ratazana um de dois centímetros e meio para entrar numa casa!. As *paredes* também devem estar sem rachaduras nem fissuras, tanto por dentro como *por fora* do local, pois ali podem aninhar-se insetos ou pequenos roedores; no caso de que existam devem ser consertadas com materiais resistentes e que não possam ser destruídos facilmente pelas ratazanas; também às vezes nos arredores da entrada ou saída das *tubulações* ou drenagens há espaços abertos, por onde podem entrar animais. Esta recomendação, de evitar a existência de fissuras, rachaduras ou partes ocas, também se aplica aos *pisos*, onde também é conveniente pintar uma faixa branca de cinqüenta ou sessenta centímetros, no limite com a parede, isto faz com que os trabalhadores sempre possam se lembrar de não empilhar ou colocar materiais encostados ou tocando a parede; além disso, facilitará a identificação de restos de roedores como matérias fecais, pegadas, etc.; os lugares que se encontram debaixo de alguns equipamentos fixos costumam ser propícios para que se escondam e proliferem os insetos ou roedores, é conveniente vedar em volta com materiais resistentes e que não absorvam a umidade. As *janelas* e as *portas* externas e, de forma geral, todos as aberturas para o exterior, devem estar obrigatoriamente protegidos com grades ou mosquiteiros em boas condições; em alguns lugares, as grades metálicas, restringem bastante a ventilação, e em lugares de umidade relativa ambiente muito elevada, corroem-se facilmente; as redes de náilon (*nylon*) não reduzem a ventilação em mais do que 35%; as malhas ou aberturas das redes devem ter no máximo 1,2mm, o que inclui proteção, também contra a entrada de pernilongos e mosquitos; a Administração de Alimentos e Medicamentos dos EUA da América (FDA) exige essa medida (16 malhas por polegada) para as redes usadas nos restaurantes; aceita-se também o uso de cortinas de ar com a condição de que estejam bem controladas. Um bom aliado para impedir a entrada de insetos é o sistema de ventilação com pressão positiva, que joga o ar para fora dos locais. A parte inferior das janelas externas deve ser coberta com uma faixa de pintura de pelo menos 10 centímetros de largura, para evitar que roedores possam subir e chegar até elas, isto se aplica particularmente às paredes de tijolos ou materiais similares, que permitem essa possibilidade. As soleiras das portas não devem ser retiradas, e se estivessem estragadas devem ser consertadas sem demora; observar também que os arcos ou dintéis não estejam com alterações que permitam a entrada de insetos; as portas, ou as falsas portas com as grades, devem possuir um sistema de molas ou similar que as obrigue a fechar.

É preciso prestar muita atenção nos arredores do estabelecimento, vigiar para que não se formem poças de água que favoreçam a proliferação de insetos, impedir de todas as formas que os vizinhos joguem lixo nos jardins do estabelecimento, a grama dos jardins do local deve estar bem aparada, evitando assim o acúmulo de mato. É necessário lembrar que não apenas as baratas e as moscas constituem um problema para o restaurante, também as formigas, traças e outros insetos podem ser prejudiciais, por isso nos jardins devem tomar-se as medidas necessárias para evitar a sua proliferação. Quando se colocam mesas para atender aos clientes no exterior do local, outros insetos como abelhas e vespas devem também ser controladas. Nestes casos, devem-se evitar os refrigerantes enlatados; nos EUA foram descritos casos de picadas desses insetos que haviam entrado nas latas, atraídos pelo açúcar da bebida, e atacaram as pessoas no momento que iam beber.

O programa deverá incluir também ações de controle para detectar o antes possível se, apesar das medidas preventivas, os animais conseguem entrar. Deve ser considerada a capacitação de todo o pessoal para que aprendam a conhecer os indicadores correspondentes. A aplicação de agentes químicos para destruir ou para prevenir pragas deverá ser realizada por uma empresa responsável, geralmente a que preparou o programa. Os proprietários e gerentes devem selecionar uma empresa séria, de prestígio e com experiência no controle de pragas, na área geográfica onde se encontra o estabelecimento. Em várias publicações especializadas se tem incluído os pontos que devem ser considerados quando se decide contratar uma dessas empresas. Estes pontos incluem, entre outros, a menção minuciosa de uma lista de pragas que serão prevenidas e controladas e as ações que devem ser realizadas no caso de aparecer uma praga que não está incluída no contrato; a declaração de que a empresa usará apenas agentes químicos oficialmente aprovados, que não apresentem riscos para os comensais nem para os funcionários; o compromisso de cumprir um cronograma de inspeções, fumigações e avaliações posteriores a elas, de treinamento do pessoal, etc.; em todos os casos se deve incluir a obrigação da empresa de entregar um certificado de fumigação e de assumir a responsabilidade pelos erros ou omissões que venha a cometer.

Moscas

Seu nome científico é *Musca domestica.* São insetos de distribuição universal. São tão conhecidas e abundantes que sua descrição pareceria inútil. Medem de 6 a 9mm de comprimento. O tórax é cinza com quatro faixas longitudinais estreitas. O ciclo de vida compreende quatro estágios, ovo, larva, pupa e adulto. Cada fêmea põe de 100 a 150 ovos de cada vez, e cada uma delas pode pôr de duas a sete vezes. Normalmente, cada fêmea põe 500 ovos quatro dias depois do acasalamento. Os ovos são brancos, com formato oval, medem 1mm e se abrem depois de 8 a 24 horas, em temperaturas normais. Se houver calor e alimento suficiente as larvas crescem rápido e depois de 4 a 8 dias se transformam em pupas, que depois de 4 a 5 dias se transformam em adultos. Em condições favoráveis uma nova geração começará entre 2 e 20 dias depois.

As moscas adultas são ativas somente quando há luz, na escuridão ou repousam ou se deslocam se arrastando lentamente. Para descansar preferem, geralmente, as faixas escuras das superfícies. Preferem as superfícies irregulares ao invés das lisas. São atraídas pelos odores dos materiais putrefatos ou em fermentação. Alimentam-se preferencialmente de líquidos, como xaropes, leite, escarro, matérias fecais, frutas em decomposição, água. Também procuram alimentação nas partes úmidas da pele como a boca, fossas nasais, olhos, escaras e feridas. Gostam de outros alimentos como carnes, queijos, açúcar. Como não possuem dentes, devem dissolver as substâncias secas com secreções das suas glândulas salivares, vomitando depois parte delas, deixando manchas escuras características, conhecidas como manchas de vômito e que alguns chamam de "excrementos" de moscas. Para a sua reprodução, as moscas põem seus ovos sobre as matérias orgânicas, animais ou vegetais, em decomposição, as quais são encontradas no lixo, cadáveres, matérias fecais, restos de alimentos, etc. Os lugares onde se alimentam podem estar de 100 a 500m do lugar onde se reproduzem. Então, sua rota habitual é dos excrementos ou lixo ou animais em decomposição para seus alimentos (nossos alimentos!), que encontram preferentemente nas cozinhas, salas de refeições, etc. É possível compreender como, por razões estritamente estéticas ou de higiene geral, é importante controlas as moscas. Isto sem contar, é claro, que estes animais transmitem microorganismos muito perigosos como as salmonelas, os agentes produtores de diarréias, de disenterias, de febre tifóide, cólera, etc.

Baratas

Estes insetos se encontram entre os mais primitivos, tendo-se encontrado fósseis dos seus antepassados que eram do final do período carbonífero, ou seja, há uns 345 milhões de anos. Este é um dos inimigos, quase indestrutível, que a indústria da alimentação coletiva deve enfrentar. As baratas têm conseguido sobreviver graças às quantidades espantosas de progênie que cada fêmea origina, e à capacidade de adaptar-se aos diversos compostos químicos, naturais ou criados pelo homem para destruí-las, que têm tido que enfrentar. As baratas gostam muito de ambientes úmidos e cálidos. Por exemplo, podem ser encontradas perto dos fogões e fornos, atrás da tubulação de água quente, atrás de garrafas e da baixela, sob as pias, os tapetes, e nos esgotos e vasos sanitários. Fogem dos ambientes iluminados. Comem praticamente de tudo: papel, cabelos, couro, tecidos, sangue e catarro seco ou fresco; e, é claro, os alimentos destinados ao homem. Suas secreções produzem um odor muito forte e persistente. Não conseguem resistir por períodos muito prolongados sem alimentos e sem água, nessas condições morrem depois de 2 a 4 semanas. Após 7 ou 10 dias de transformarem-se em adultos, acasalam. Podem viver entre 9 e 10 meses, com valores que oscilam entre os 60 dias e dois anos. As baratas mais relacionadas com as cozinhas e restaurantes são a alemã, a americana e a asiática.

A barata germânica mede de 10 a 15mm, é marrom escura, com antenas tipo chicote e dois pares de asas. As partes bucais são primitivas e estão adaptadas para morder e triturar alimentos sólidos. Seu ciclo de vida compreende três estágios, ovo, ninfa e adulto. Entre 7 e 10 dias depois de alcançar a maturidade, as fêmeas podem ser fecundadas. Na sua vida útil, cada fêmea pode ter milhões de descendentes. A fêmea põe os ovos em uma cápsula de 5,5mm de comprimento, que pode chegar a conter 40 ovos em fileira dupla. A cor das cápsulas pode ser marrom, vermelha escura ou preta. As ninfas são brancas e muito ativas. Podem alcançar o estado adulto em dois ou três meses, dependendo das condições de temperatura e umidade e da disponibilidade de alimentos. As baratas americanas são de cor marrom avermelhada, medem aproximadamente 38mm de comprimento. Alimentam-se principalmente de amidos. Vivem em lugares úmidos e muitas vezes se escondem atrás do papel de revestimento das paredes. Podem ser encontradas em banheiros, nos arredores dos esgotos, perto dos tubos de calefação. As baratas orientais são de cor preta brilhante, medem entre 25 e 38 milímetros. Como já mencionamos, as baratas preferem viver em lugares quentes, úmidos e escuros, por isso seus lugares preferidos se encontram na parte posterior das geladeiras, perto dos equipamentos da cozinha, nos esgotos, perto dos motores elétricos, sob os carpetes, etc. Suas matérias fecais são como pequenos grãos de pimenta.

As baratas podem transmitir microorganismos perigosos como as salmonelas, como o agente produtor da cólera, da febre tifóide, da disenteria, de algumas parasitoses. Além disso, algumas pessoas são alérgicas aos resíduos que as baratas deixam nas superfícies. Como se isto fosse pouco, tanto seu cheiro nauseabundo como seu aspecto repugnante fazem com que não se devam economizar esforços para mantê-las totalmente afastadas dos estabelecimentos de alimentação coletiva e dos seus arredores. A limpeza perfeita dos ambientes, especialmente dos cantos escuros, a inexistência de resíduos de alimentos, prevenção do acúmulo de umidade, de água, de gotejamento de líquidos, de panos úmidos, etc. permitirá um melhor controle das baratas. É preciso prestar muita atenção ao revisar as caixas de mercadorias, antes de introduzi-las no local; muitas vezes as baratas - ou seus ovos - conseguem entrar escondidas nos papelões, junto com os engradados de garrafas, etc.

Roedores

Como já mencionamos anteriormente, os roedores - ratazanas e ratos, principalmente - causam à indústria da alimentação coletiva, em todo o mundo, perdas econômicas muito elevadas. Por um lado, eles devoram grande quantidade de alimentos, deixando o resto inutilizado, mas também estragam móveis, embalagens, prédios; algumas ratazanas têm provocado incêndios ao destruir os fios de eletricidade causando curtos-circuitos; às vezes, as ratazanas atacam funcionários causando feridas ou gerando situações de pânico. Além disto, e da péssima imagem que dão ao estabelecimento infestado por eles, ocasionam um dano enorme devido à sua capacidade de transmitir doenças, diretamente ou através dos alimentos. Entre as doenças que podem transmitir se encontram a febre por mordida de ratazanas, a peste, o tifo murino, a leptospirose quando a pele ferida ou arranhada entra em contato com a sua urina contaminada - e, através dos alimentos que contaminam com seus excrementos, encontra-se principalmente a salmonelose.

As ratazanas que afetam os restaurantes pertencem principalmente a duas espécies, *Rattus rattus* (ou ratos de telhado) e *Rattus norvegicus*. As ratazanas medem entre 35 e 45 centímetros de comprimento, sendo que o rabo é mais longo que o seu corpo, no caso dos ratos de telhado, que possuem também olhos grandes, enquanto que as norueguesas os possuem pequenos. As ratazanas possuem dois pares de dentes incisivos que crescem constantemente, obrigando-as a roer sempre para mantê-los na sua longitude normal. Depois de 22 dias do acasalamento nascem as crias, que durante três semanas dependem da mãe para alimentar-se. As fêmeas são capazes de procriar entre 10 e 12 ninhadas por ano, com uma média de 7 a 8 filhos de cada vez, dos que, felizmente, nem todos sobrevivem, devido a inimigos naturais. Mesmo podendo reproduzir-se durante todo o ano, os nascimentos são, geralmente, na primavera e no outono. As ratazanas e ratos possuem sistemas digestivos muito simples, e muito pouco controle sobre suas bexigas, pelo que urinam e defecam muito freqüentemente, deixando este tipo de sinais por todos os lugares que percorrem. Devemos lembrar que a urina pode estar contaminada com leptospiras e as fezes com salmonelas e outros microorganismos. Os sinais da infestação do lugar com ratazanas e ratos incluem pegadas das suas pisadas, ou dos seus corpos esfregados contra as superfícies, manchas de urina, fezes de 1,3 a 1,9 centímetros de comprimento, objetos roídos, partes ocas nas paredes ou nos pisos, etc. Os funcionários devem aprender a reconhecer estes indícios e devem avisar assim que os vejam. Não é necessário, nem é fácil ver os roedores vivos, mesmo quando existam em grande número num estabelecimento, devido aos seus hábitos noturnos e a que reagem com uma rapidez e uma sensibilidade muito grande em relação a ruídos ou presença de pessoas ou objetos estranhos. Para evitar problemas com roedores em um restaurante, além de evitar que entrem, adotando as precauções na construção e na adequação do local como vimos anteriormente, é necessário tomar uma série de medidas, cujo cumprimento estrito garantirá o sucesso. Entre as principais medidas que devem ser tomadas temos: guardar os alimentos em embalagens à prova de ratazanas e ratos, as lixeiras devem estar sempre tampadas e a uma altura superior a 45cm do nível do chão; os recipientes com água devem estar bem tampados e deve evitar-se todo tipo de vazamentos (lembrar que estes roedores bebem três vezes mais do que comem); os grãos e cereais devem ser armazenados com muita precaução, evitando deixar espaços entre os sacos, para evitar que neles formem seus ninhos; mesmo assim, é conveniente não deixar sem mexê-los por mais de dois meses; os restos de alimentos e bebidas devem ser guardados ou eliminados de forma adequada e cuidadosa; os panos, papéis e papelão, sabonetes, velas, etc. devem ser guardados em embalagens que impeçam a entrada de roedores; lembrar também que qualquer orifício com mais de 6mm deve ser fechado imediatamente com material apropriado como concreto, metal, aparas de aço, etc. Uma vez detectada uma infestação deve avisar-se às empresas especializadas, que conhecem melhor do que ninguém os hábitos e recursos destes animais e sabem como eliminá-los, com o menor risco para os funcionários e clientes.

Animais Domésticos

Por mais que os proprietários, gerentes ou funcionários do estabelecimento de alimentação coletiva gostem de mascotes ou animais de estimação, devem lembrar que *não se pode e nem se deve permitir sua entrada ou permanência* nas cozinhas e salas de refeições. Os gatos, os cachorros, os pássaros, papagaios, etc., por mais que aparentem ser saudáveis, limpos e por mais bem cuidados que estejam, são ou podem ser portadores de microorganismos patogênicos capazes de adoecer os funcionários ou os consumidores de alimentos contaminados por eles, ou portar micróbios capazes de alterar e de decompor os alimentos. Deve-se desaconselhar a má prática de possuir gaiolas com canários ou papagaios nas cozinhas ou salas de refeições, ou perto dos bufês; o "efeito spray" de matérias fecais que provocam, especialmente quando se banham ou fazem vôos curtos tem gerado surtos de ETA ou de doenças como psitacose ("doenças dos papagaios"). Por isso também é conveniente evitar que entrem no local pardais ou pombas, que freqüentemente estão contaminados com salmonelas, por isso se deve desestimular aos clientes que em algum momento intentem alimentar estas aves.

Capítulo 12

Inocuidade dos Alimentos

"... na Terra existem elementos de todo tipo: muitos servem como alimentos, úteis para a vida; e muito outros têm a propriedade de provocar doenças e acelerar a morte"

LUCRÉCIO (aproximadamente ano 98 a 55 A.C.)
On Nature of Things, Livro VI

Inócuo é algo que não faz mal. Um alimento então deve ser inócuo por definição. De nada valeria que um alimento tivesse uma excelente qualidade desde outros pontos de vista - ou seja, sabor, cor, aroma, apresentação, textura, altamente nutritivo - se fizesse mal, se adoecesse ou tirasse a vida dos consumidores. É necessário também ter presente que pode existir um alimento inócuo sem qualidade, mas não pode haver um alimento de qualidade sem inocuidade. Podemos concluir que a preocupação fundamental de um estabelecimento de alimentação coletiva deve ser a de garantir a inocuidade dos alimentos que oferece, e também, é claro, esforçar-se por oferecer uma excelente qualidade.

Infelizmente, existem muitos elementos e circunstâncias que fazem com que o alimento perca sua condição de inócuo. Cada vez que nos alimentamos nos estamos expondo a um risco. Muitos restauradores ou industriais da alimentação prefeririam que esta afirmação não se fizesse nunca, por medo de que seus clientes se assustem e se recusem a usar seus produtos. É melhor, porém, mostrar isto com clareza. Mas se deve assegurar sempre aos clientes que se está fazendo tudo o que é possível, e que estão sendo tomadas todas as precauções técnicas necessárias para que o alimento que se processa ou se prepara seja totalmente inócuo. Por outro lado, essa característica de oferecer risco aos consumidores a possuem todos os alimentos, sejam eles frescos, preparados de forma doméstica ou comercial, processados, etc., se não forem adotadas as precauções necessárias para evitar que adoeçam o consumidor. Os alimentos podem *transmitir* doenças ou provocar transtornos, estes últimos relacionados geralmente com uma dieta inadequada, ou com maus hábitos de alimentação, ou com condições específicas ou sensibilidades próprias do consumidor, como no caso das alergias, por exemplo. Os proprietários e diretores de estabelecimentos de alimentação coletiva devem estar familiarizados com estes problemas e estar bem informados, inclusive com determinada terminologia que aparentemente poderia ser puramente científica ou médica. No desenvolvimento do capítulo do *Manual* se procurará, se possível, evitar o uso de terminologia muito especializada. Porém, não deixaremos de utilizar algumas denominações científicas cujo conhecimento, mais cedo ou mais tarde, será de grande utilidade para os referidos diretores.

No que se refere às Enfermidades Transmitidas por Alimentos (ETA), é necessário mencionar que estes males estão crescendo em número e freqüência em todo o mundo. A Organização Mundial da Saúde tem reconhecido que as Enfermidades Transmitidas por Alimentos (ETA) constituem o problema de saúde pública mais difundido no mundo atualmente, e são a causa de perdas importantes da produtividade para os governos, famílias e indivíduos.

Para compreender melhor as circunstâncias que provocam a ocorrência de uma ETA, é importante diferenciar os conceitos de *risco* e de *perigo*. *Risco* é a probabilidade de que ocorra um efeito adverso, e a magnitude desse efeito, como conseqüência da presença de um perigo ou perigos nos alimentos. *Perigo é um agente biológico (contaminação, sobrevivência ou desenvolvimento), químico ou físico, ou qualidade de um alimento, que pode ter efeitos adversos sobre a saúde.* Os perigos podem ter então origem biológica, física ou química. Mais adiante se apresentam listas de cada um desses grupos. Um alimento contaminado é aquele que possui alguma dessas substâncias. A contaminação pode ser acidental, incidental ou intencional.

Uma Enfermidade Transmitida por Alimentos ocorre quando se ingere um alimento (ou água) que possui uma quantidade *suficiente* de um elemento perigoso. O conceito de quantidade suficiente é específico para cada perigo em particular. No caso de perigos biológicos essa "quantidade" é conhecida como dose infectante mínima.

As ETA de origem biológica podem ser classificadas em: *infecções* e *inoxicações*. Uma *infecção* é a ETA que resulta do consumo de alimentos que possuem microrganismos perigosos (patogênicos) vivos. Como mencionamos anteriormente, um alimento que está contaminado dessa forma não necessariamente tem suas características organolépticas alteradas. Uma *intoxicação* ocorre quando uma toxina, ou veneno fabricado por bactérias, algas ou fungos, está presente no alimento ingerido provocando uma doença no consumidor. Também alguns tecidos animais ou vegetais podem causar intoxicações. Geralmente, as toxinas não transmitem sabores ou aromas diferentes ao alimento no qual se encontram, o que faz com que sejam ainda mais perigosas. Além disso, podem estar presentes quando os microrganismos que as originaram foram destruídos pelo aquecimento ou algum outro tratamento ou processo. Uma *toxi-infecção* é uma doença que ocorre quando se ingere um alimento que está contaminado por uma grande quantidade de microrganismos vivos, capazes de produzir toxinas depois que chegam aos intestinos.

Uma categoria de ETA que pode ser considerada como muito especial, principalmente quando se trata de turistas ou viajantes internacionais, é a *diarréia do viajante*. Uma definição internacionalmente aceita, adotada em uma conferência consenso realizada em 1985, em Bethesda (EUA), pelos Institutos Nacionais de Saúde desse país, diz que a diarréia dos viajantes é "uma síndrome caracterizada por um aumento, do dobro ou mais, na freqüência de defecação de matérias fecais sem forma. Os sintomas mais associados incluem cãibras ou espasmos abdominais, náuseas, ventre inchado, febre e mal-estar". A dificuldade para obter uma informação adequada em relação a estes aspectos, durante a realização de pesquisas realizadas por operadoras de turismo britânicas, com o propósito de conhecer a qualidade dos serviços recebidos pelos turistas, motivou especialistas desse país a usar o termo *diarréia subjetiva dos viajantes* para definir todos os casos de *mal-estar estomacal* sofridos por viajantes. Porém, reconhece-se que esta definição pode incluir causas não infecciosas destes transtornos, por exemplo, mal-estar devido ao abuso de condimentos, como as pimentas, em algumas comidas regionais, mas foi considerada "suficiente para o propósito desejado". A "diarréia dos viajantes", conhecida nos meios científicos também como "turista", recebe uma série de nomes curiosos em diversas regiões do mundo; entre os mais conhecidas ou populares se encontra o de "vingança de Moctezuma", como é conhecida no México.

As ETA de origem química são conhecidas, geralmente, como intoxicações ou envenenamentos. Os perigos químicos podem, também, ocasionar males crônicos ou alergias. Os perigos físicos também podem ocasionar males ou transtornos, em alguns casos graves. Mais adiante revisaremos com detalhes os diferentes perigos, biológicos, químicos e físicos aos que se expõe um consumidor de alimentos.

Impacto Econômico Negativo Provocado pelas ETA

Além de ser um problema de saúde pública, as ETA provocam um impacto econômico negativo sobre as economias dos países, empresas, famílias e indivíduos. Nos estudos realizados para conhecer as perdas ocasionadas pela presença de ETA se tem comprovado que este grupo de doenças origina anualmente a perda de milhares de milhões de dólares. Assim, por exemplo, nos EUA, e considerando apenas sete doenças transmitidas por alimentos, estima-se que seu *custo anual* oscila entre 20 e 35 bilhões de dólares (de 1995). Estes custos aumentariam significativamente se acrescentássemos os custos provocados pelas complicações e seqüelas destas sete doenças e, logicamente, aumentariam muito mais se fosse considerado o restante das ETA.

Porém, a FDA dos EUA, na sua última edição do *Food Code*, considera que o custo anual das ETA nesse país, em relação à dor e ao sofrimento, à redução da produtividade e dos custos médicos, pode ser estimado entre 10 e 83 bilhões de dólares. O Conselho para a Ciência e Tecnologia Agrícola dos EUA (CAST) considera que anualmente o número de pessoas que sofre de alguma ETA pode elevar-se a 33 milhões, e que o número de óbitos por este motivo não é menor que 9.000.

As cifras são igualmente elevadas nos outros países onde foi estudado o impacto econômico negativo dessas doenças. Nas ocasiões em que esses estudos econômicos se realizaram, ficou comprovado que os custos se originam em diversas áreas, entre outras: gastos com tratamentos médicos, gastos com transporte de doentes e de familiares e amigos que os visitam nos hospitais, perdas de dias de trabalho, gastos com pesquisas epidemiológicas, perdas emocionais, destruição do alimento, multas e fechamento temporal ou definitivo do estabelecimento, custas judiciais, perda de prestígio das empresas e marcas, gastos para restaurar a imagem da empresa, indenizações, gastos para manter os culpados na prisão, gastos para enterros, etc.

Assim como nem todos os países respondem da mesma forma ante a possibilidade da epidemia, nem todas as pessoas respondem da mesma forma ante um ataque do agente produtor de ETA. Os países podem ser vulneráveis, susceptíveis, receptivos ou resistentes a uma epidemia. Existem também, pessoas mais vulneráveis que outras. Existem grupos de pessoas que por diferentes motivos serão atacados por uma dose infectiva mais baixa. A estas pessoas, especialmente vulneráveis às ETA, e para que sempre as lembremos com facilidade, podemos denominá-las como membros do grupo "LAPIZ", sendo que L corresponde a lactentes, A significa ancião, P é prenhe, para incluir as mulheres grávidas, I para imunocomprometido, ou seja, aquelas pessoas com outras doenças ou circunstâncias que fazem com que seu sistema imunológico não responda normalmente e, finalmente, Z, embora pareça engraçado ou muito pouco sério, significa "zonzos", ou seja, aquelas pessoas, comensais ou turistas que gostam de se expor a riscos desnecessários, por exemplo, consumindo alimentos preparados e vendidos na rua. As pessoas do grupo LAPI(Z) ficarão doentes com uma dose infecciosa mínima que é menor que a que pode afetar outras pessoas, a doença que desenvolverão tem um prognóstico mais preocupante e é mais grave que nas pessoas que não são pertencentes a este grupo; no que se refere às pessoas "Z", os alimentos que consomem estão, geralmente, com uma maior carga de contaminação, pelo que a dose "que adoece" que eles ingerem é superior.

Estudo Particular das Principais ETA: suas Causas e sua Prevenção

Nas páginas anteriores mencionamos que, se bem é verdade que o estudo e conhecimento das ETA corresponde ao âmbito da Ciência e da Medicina, os funcionários ou diretores do turismo, dos estabelecimentos de alimentação coletiva, dentro dos hotéis, etc. têm a obrigação, em seu próprio benefício, de conhecer o máximo possível sobre as principais ETA que podem acometer os comensais dos estabelecimentos de alimentação coletiva, mesmo que para isso tenham que incorporar à sua linguagem ou memória determinados termos considerados "científicos" ou "médicos". Acontecia a mesma coisa antes com os termos "salmonelose", *Vibrio cholerae*, síndrome hemolítico-urêmica, etc. Atualmente, devido aos surtos destas ETA, e graças aos avanços nos meios de comunicação, muitas pessoas especialmente aquelas vinculadas aos setores da alimentação coletiva, mesmo não sendo nem cientistas nem médicas, conhecem e utilizam esses termos. Estas pessoas, freqüentemente, demonstram um grau aceitável de informação em relação aos sintomas ou características das doenças. Trataremos, no Anexo 9, de oferecer informações sobre as principais ETA da forma mais objetiva possível, evitando utilizar termos demasiado específicos. No que se refere ao nome dos microrganismos ou outros agentes causadores das ETA, e como não podemos "rebatizá-los" para fins de divulgação, usaremos então os nomes corretos. O leitor deverá lê-los, e se possível recordá-los, como se fossem nomes de algum cliente com nome estrangeiro ou não usual; no final das contas, estes agentes também são "visitantes", embora indesejáveis, dos estabelecimentos onde entram por determinadas portas de aceso, como veremos nas respectivas tabelas.

Causas das ETA de Origem Biológica

Para que uma ETA biológica se produza se requerem as seguintes condições:

- Que o agente patogênico esteja presente no ambiente;
- Que o alimento se contamine com o mencionado agente;
- Que o número ou quantidade do agente contaminante seja suficiente para adoecer o consumidor, ou que o agente tenha a oportunidade de multiplicar-se para chegar a esse número;
- Que o agente não seja destruído imediatamente antes do consumo;
- Que o alimento contaminado seja ingerido.

Prevenção das ETA de Origem Biológica

Para evitar uma ETA biológica, bastaria apenas:

- Evitar que o alimento se contamine com o microrganismo;
- Não permitir que o microrganismo se multiplique, no caso de ter contaminado o alimento;
- Destruir o microrganismo e/ou suas toxinas, antes do consumo do alimento.

Erros mais freqüentes que possibilitam a aparição das ETA: acontece, porém, com uma freqüência muito grande, que, antes, durante e depois da preparação dos alimentos, se cometem erros ou falhas que possibilitam a chegada do agente patogênico até a boca do consumidor e, se a dose "que adoece" for suficiente para um consumidor vulnerável ou susceptível, este adoecerá.

Os fatores, falhas ou erros que mais freqüentemente originam as ETA têm sido estudados em diversos países. De forma geral há coincidências ou certas similaridades entre as falhas mais freqüentes nos diferentes países onde esses trabalhos foram realizados. Essas causas principais, que se referem principalmente aos perigos biológicos, são mostradas a seguir:

- **Preparação de alimentos várias horas antes de ser consumidos, e deixados fora de temperatura de refrigeração** (desta forma se favorece a multiplicação das bactérias patogênicas, é uma verdadeira "incubação" dos alimentos);
- **Aplicação de temperaturas insuficientes durante a cocção ou o reaquecimento dos alimentos** (essas temperaturas não permitem a destruição ou redução do número dos microrganismos contaminantes dos alimentos);
- **Contaminação cruzada dos alimentos nas cozinhas, geladeiras, e ambientes similares** (os alimentos crus ou con taminados transmitem "seus" microrganismos, direta ou indiretamente - através de superfícies, mãos ou utensílios - aos alimentos já preparados que serão consumidos sem nenhum tratamento prévio);
- **Manipuladores infectados, não treinados convenientemente, preparam ou manipulam os alimentos;**
- **Uso de água ou matérias-primas contaminadas na preparação dos alimentos.**

Prevenção das ETA: se considerarmos atentamente esses erros, podemos apreciar que eles são facilmente evitáveis. Os especialistas holandeses têm proposto que as ETA podem ser prevenidas se forem cumpridas adequadamente três linhas de defesa:

Primeira Linha de Defesa
Prevenção da contaminação durante a produção primária dos alimentos. É responsabilidade dos agricultores, pecuaristas, zootécnicos, etc.
Segunda Linha de Defesa
Eliminação da contaminação durante o processamento e/ou preparação dos alimentos. É de responsabilidade das indústrias alimentícias, dos estabelecimentos de alimentação coletiva.
Terceira Linha de Defesa
Prevenção da recontaminação, da multiplicação de contaminantes, prévio ao consumo de alimentos. É de responsabilidade dos consumidores, donas de casa.

Podemos observar que a segunda linha de defesa é a que obriga mais especificamente às empresas de alimentação coletiva, porém, para que seja mais efetiva sua participação na prevenção das ETA, é aconselhável que estas empresas colaborem ou participem da primeira linha, e, que através de programas ou campanhas educativas e de informação para seus clientes, participem também na terceira linha de defesa.

Metodologias Atuais para a Prevenção

A crescente importância das ETA no mundo atual tem estimulado a realização de pesquisas e numerosos estudos para encontrar mecanismos ou metodologias que garantam a inocuidade dos alimentos, ou seja, a total segurança na prevenção das ETA e dos transtornos produzidos pelos alimentos, ocasionados por perigos biológicos, químicos ou físicos. As técnicas resultantes têm tido maior ou menor grau de aplicação ou sucesso.

São várias as metodologias desenvolvidas para conhecer e/ou controlar os perigos ou riscos que oferece o consumo de alimentos. Elas têm sido aplicadas na alimentação coletiva com diferente sucesso. Podemos mencionar LISA, Análise de Riscos, SCAP, APPCC, etc. Entre as que alcançaram maior aceitação encontra-se a Análise de Riscos, SCAP e APPCC; pela sua importância e atualidade, um capítulo deste *Manual* está dedicado a ampliar informações sobre este último.

Análise de riscos (AR): é um sistema amplamente utilizado para conhecer, prevenir e remediar os riscos oferecidos pela contaminação do ambiente com substâncias químicas, no caso de derramamentos de petróleo, por exemplo. Também as comissões conjuntas, americanas e russas, têm-nas utilizado para conhecer os riscos de uma potencial contaminação microbiana do planeta Marte, pela chegada de expedições humanas. Na realidade, a AR é uma harmônica combinação de arte e ciência que compreende: 1. a avaliação de riscos (identificação do risco, caracterização do risco, avaliação da exposição, e integrando estes aspectos chegar à caracterização do risco); 2. gerenciamento ou administração do risco, e 3. comunicação do risco. Recentemente a comissão FAO/OMS do *Codex Alimentarius* convocou várias reuniões de especialistas para estudar a aplicação da AR no processamento de alimentos e na legislação alimentar. De forma parcial, tem-se aplicado a AR para conhecer e tentar controlar os riscos e perigos na provisão de alimentos em grandes eventos; um dos eventos foi, por exemplo, a Exposição Universal realizada em Sevilha (Espanha), em 1992, onde a AR foi utilizada juntamente com o APPCC para garantir a inocuidade dos alimentos consumidos por aproximadamente 42 milhões de visitantes.

SCAP: é um sistema no qual os proprietários, administradores e, de forma geral, todos os trabalhadores de um estabelecimento de alimentação coletiva devem ser considerados como agentes de atenção primária de saúde, devido a possibilitarem que seus clientes (os comensais) recuperem as energias e nutrientes que necessitam para manter a boa saúde.

Capítulo 13

Análise de Perigos e Determinação dos Pontos Críticos do Controle (Sistema APPCC)

O sistema que tem alcançado, mundialmente, o maior respaldo e confiança de autoridades sanitárias, comerciais e das organizações internacionais que, de uma forma ou de outra, têm responsabilidade pela inocuidade dos alimentos, é o chamado *HACCP*, do inglês *Hazard Analysis Critical Control Point* System, ou seja, o *Sistema de Análise de Perigos e determinação dos Pontos Críticos de Controle (APPCC)*.

O APPCC surgiu da preocupação das autoridades da Administração do Espaço Aéreo dos EUA (NASA) e das Forças Armadas desse país (Laboratórios Natick), em garantir a inocuidade dos alimentos que consumiam os astronautas e os tripulantes dos submarinos atômicos. Por isso, solicitaram a ativa participação técnica de uma empresa dedicada a processar alimentos (Pillsbury Co.), que também se preocupava com a inocuidade, motivo pelo qual liderara as pesquisas em busca de alimentos zero defeitos do ponto de vista da sua inocuidade. Em 1971, os microbiologistas dessa empresa apresentaram, na Primeira Conferência Americana de Proteção dos Alimentos, o "conceito" APPCC como um enfoque apropriado para conseguir melhorar a inocuidade dos alimentos, no momento em que as doenças transmitidas por alimentos estavam em franca expansão. Consideravam que, nesses momentos, as estratégias de controle dessas doenças, fundamentadas no controle analítico dos produtos terminados, ou na inspeção dos estabelecimentos, ou na educação sanitária, não estavam dando os resultados esperados. Nos anos seguintes, o enfoque APPCC continuou se desenvolvendo, e atualmente é um sistema organizado e confiável, porém não está padronizado mundialmente.

Concebido inicialmente para ser aplicado na indústria do processamento dos alimentos, hoje em dia seu uso é recomendado também durante a preparação na alimentação coletiva. Inclusive, foi comprovada sua utilidade durante a preparação de alimentos no âmbito doméstico. Diversas associações nacionais da indústria da alimentação coletiva estão adotando ou recomendando a seus membros a aplicação do APPCC. Em alguns casos, tentou-se adaptar ou simplificar o sistema para seu uso em estabelecimentos médios ou pequenos. Na área da indústria alimentar, o sistema começou a ser de aplicação obrigatória. As organizações nacionais e internacionais mais importantes, relacionadas com o controle de inocuidade dos alimentos, têm declarado que o Sistema APPCC é o mais confiável para garantir a inocuidade dos alimentos, e exigem que as indústrias sob sua jurisdição o apliquem e o recomendam a seus países-membros. Por exemplo, a União Européia, a Administração de Alimentos e Medicamentos dos EUA (FDA) e o Departamento da Agricultura desse país (USDA), o *Codex Alimentarius* (FAO/OMS), a Organização Mundial da Saúde, etc. são grandes promotores da aplicação do sistema.

O APPCC é um sistema racional e sistemático, fundamentado na ciência, que identifica os perigos específicos e estabelece mecanismos de controle focalizados na prevenção e não na análise dos produtos terminados.

O APPCC se fundamenta em sete Princípios ou Atividades Principais que são:

Princípio nº 1
Conduzir a análise de perigos identificando e avaliando todos e cada um dos diversos perigos potenciais associados à produção ou preparação dos alimentos em todas as etapas.

Princípio nº 2
Determinar os Pontos Críticos de Controle (PCC).

►

Princípio nº 3
Estabelecer limite(s) crítico(s).

Princípio nº 4
Estabelecer um sistema para monitorizar o controle dos PCC.

Princípio nº 5
Estabelecer a ação coletiva a ser tomada quando a monitorização indica que um PCC determinado não está sob controle.

Princípio nº 6
Estabelecer procedimentos de verificação para confirmar que o sistema está trabalhando com efetividade.

Princípio nº 7
Estabelecer a documentação concernente a todos os procedimentos e registros apropriados a estes princípios e à sua aplicação.

De acordo com a Comissão FAO/OMS do *Codex Alimentarius*, e com as recomendações da Organização Mundial da Saúde, antes da aplicação do sistema APPCC e como pré-requisito devem ser cumpridas todas as exigências dos Princípios Gerais de Higiene dos Alimentos e os Códigos de Práticas do *Codex* que correspondam, assim como a legislação vigente sobre inocuidade dos alimentos em cada país. Um aspecto fundamental para poder cumprir um Plano APPCC é que a direção (proprietários, administradores, gerentes) do estabelecimento esteja totalmente comprometida e convencida da sua utilidade.

Para aplicar na prática estes sete princípios devem-se realizar 12 tarefas sistemáticas, que permitirão organizar e aplicar o APPCC em um estabelecimento. Essas atividades são:

1. *Organizar a equipe APPCC:* a equipe deverá ser interdisciplinar. No grupo responsável pelo Plano APPCC devem participar não apenas os diretores, mas pessoas com diferentes experiências, e com um bom conhecimento de todos os aspectos da produção ou preparação. O número de integrantes da equipe dependerá do tamanho da empresa, do número de pessoas que trabalham, etc. Em um estabelecimento de alimentação coletiva pequeno ou médio, logicamente, não é possível organizar uma equipe numerosa. Duas ou três pessoas poderiam constituí-la, e seria aconselhável contratar os serviços temporários de algum consultor externo;

2. *Descrever o produto:* não se deve esquecer que a aplicação do APPCC é específica para o tipo de prato ou de produto que se prepara. Não existem receitas universais para a aplicação do APPCC. Assim como cada cozinheiro (*chef*) tem sua receita particular e pessoal para cada prato que prepara, assim também corresponde um APPCC específico para cada prato. Se no estabelecimento ocorre uma troca de *chef* e o novo responsável introduz modificações ou variações na receita de preparação do prato, a equipe será obrigada a reformular a aplicação do APPCC no novo prato. De forma geral, na descrição do produto se deve considerar a composição (ingredientes, especiarias, aditivos, etc.), estrutura físico-química (inclui pH ou acidez, "água livre", etc.), tratamentos que devem ser realizados durante a preparação (acidificação, salgado, defumado, congelado, grau de aplicação do calor, etc.), apresentação final, embalagem e, se for o caso, validade, tempo calculado de armazenagem e condições da mesma, etc.;
3. *Identificar o uso esperado do prato ou produto*: para a identificação é útil formularem-se várias perguntas: o prato ou preparação será exposto na mesa do bufê, com refrigeração ou com aquecimento? Existirão clientes que desejem levar para casa as porções (*doggy bag*) que sobraram?, etc. Em alguns casos específicos como a alimentação institucional (creches, casas geriátricas, hospitais), ou quando há grupos de clientes ou turistas de determinadas idades ou em circunstâncias especiais (crianças, idosos, convalescentes, etc.) considerar a possível especial "vulnerabilidade" dos consumidores. Um determinado prato será servido só, ou junto com outros componentes para embelezá-lo ou compor um prato diferente? Às vezes, por exemplo, a uma salada de alface antes de servi-la ou colocá-la no bufê adicionam-se alguns outros elementos cozidos, e muitas vezes quentes, o que poderá oferecer a temperatura necessária para a proliferação de microrganismos que possam ter ficado no vegetal;
4. *Construir um diagrama de fluxo (ou de circulação do alimento):* deve-se lembrar que é preciso incluir *todos* os passos ou as etapas que fazem parte da preparação de um determinado prato. É como preparar o itinerário da viagem que realizarão os alimentos, na teoria desde a escrivaninha do administrador ou do gerente de alimentos e bebidas, e na prática desde que se compram os ingredientes até que o alimento já preparado che-

ga ao consumidor final, já no seu prato. O diagrama de cada preparação, compreenderá, então, entre outras etapas:

- A decisão do administrador ou gerente de incluir a preparação ou prato no cardápio;
- Projeto da receita;
- Compra e traslado para o estabelecimento de todos os ingredientes e outros componentes;
- Armazenamento ou fracionamento de ingredientes e outros componentes;
- Preparação do prato (descongelamento, preparação - lavar, descascar, picar, acidificar, cocção, etc.);
- Colocação na mesa do bufê, ou servido ao cliente;
- Conservação na geladeira;
- Requentar antes de servir, etc.

5. *Confirmar no lugar o fluxograma:* a equipe APPCC deverá confirmar no lugar (cozinha, sala de montagem ou preparação, etc.) as operações do processo, comparando-as com o que indica o fluxograma preparado. Isto se deve realizar em todas as etapas e horários em que se efetuar a preparação, almoço, jantar, etc. Caso seja necessário, corrigir o respectivo diagrama. Neste momento, é aconselhável recolher informações sobre atitudes, costumes ou outras circunstâncias por parte dos funcionários e ajudantes, aproveitando para entrevistá-los, procurar saber se possuem conhecimentos sobre higiene e inocuidade dos alimentos, averiguar se eles possuem os elementos, ferramentas ou dispositivos para melhorar a manipulação ou o controle das operações. Também se deve controlar a temperatura, inspecionar os alimentos, revisar as anotações e outros documentos utilizados nesses lugares. Esses dados serão muito úteis no seguinte passo.
6. *Preparar uma lista com todos os perigos potenciais associados a cada etapa, analisar cada perigo e considerar qualquer medida para controlar os perigos identificados (até aqui o Princípio 1):* todos os perigos que *possam* aparecer nas matérias primas devem ser considerados, um ingrediente ou qualquer outro componente que faça parte da preparação de um prato, ou aqueles que possam ser incorporados em cada uma das fases, (por exemplo, durante a preparação, conservação ou ao servir). Todas as categorias de perigo devem ser consideradas, ou seja, os biológicos, os físicos e os químicos. Depois

deverá efetuar-se uma análise de cada perigo. Neste passo é importante avaliar os fornecedores habituais ou os vendedores de alimentos dos mercados onde se acostuma comprar as matérias-primas, é conveniente informar-se se os fornecedores aplicam o APPCC ou outros procedimentos apropriados para garantir a inocuidade e a qualidade das mercadorias.
Para poder identificar quais perigos são de uma natureza tal que a sua eliminação ou redução a níveis aceitáveis é essencial para a preparação de um alimento inócuo, a equipe APPCC deve realizar uma análise de cada um deles, considerando, na medida do possível:

- A possível apresentação dos perigos e a severidade (magnitude do perigo ou importância das possíveis conseqüências) de seus efeitos adversos sobre a saúde;
- A avaliação qualitativa e/ou quantitativa da presença dos perigos;
- A sobrevivência ou multiplicação dos microrganismos que preocupam;
- A possível produção ou persistência nos alimentos de toxinas, substâncias químicas ou agentes físicos nos alimentos; e
- As condições que favorecem as circunstâncias enumeradas.

Com esta informação, a equipe APPCC deve considerar que medidas de controle existem, que podem ser aplicadas para cada perigo. É preciso lembrar que, em algumas ocasiões, dever-se-á aplicar mais de uma medida para controlar um determinado perigo, mas também pode acontecer que uma única medida possa servir para controlar mais de um perigo. Até aqui o Primeiro Princípio do APPCC;

7. *Determinar os Pontos Críticos de Controle (PCC) (Princípio 2)*: é importante lembrar que existem "pontos de controle" e *Pontos Críticos de Controle.* Um ponto de controle é, por exemplo, verificar se a matéria-prima que se está comprando possui o peso ou a medida correta se o produto está dentro do seu prazo de validade, se a carne ou o frango se encontram na temperatura de refrigeração adequada, ou seja, atributos legais ou de qualidade. Pelo contrário, um *Ponto Crítico de Controle (PCC) é um processo (operação, prática, procedimento) ou lugar onde se pode agir para evitar um perigo ou reduzi-lo até níveis aceitáveis.*

É conveniente lembrar que pode haver mais de um PCC para um mesmo perigo. Alguns autores recomendam o uso de *árvores de decisão* como enfoque lógico para decidir sobre a eleição dos PCC, porém o uso desta metodologia não se aplica a todas as situações.

Pode também ocorrer que se identifique um passo no qual se deve exercer o controle por razões de inocuidade, mas que não exista uma medida ou sistema de controle capaz de ser aplicado. Neste caso, será necessário modificar o processo, antes ou depois desse passo, para poder incluir a medida de controle aconselhável;

8. *Estabelecer os Limites Críticos para cada PCC (Princípio 3)*: para cada PCC se deve estabelecer um Limite Crítico ou Critério, que é um valor-limite que marca a diferença entre um produto inócuo ou perigoso, em um determinado PCC. O critério é um parâmetro mensurável de natureza física (por exemplo, tempo ou temperatura, nível de umidade), química (por exemplo, concentração de um determinado ácido ou de cloro), sensorial (por exemplo, aparência visual, textura), ou biológica. Todo limite crítico deve ser validado. Em alguns casos existe a necessidade de estabelecer mais de um limite crítico para um passo determinado. Um limite crítico deve oferecer um alto grau de garantia;
9. *Estabelecer um Sistema de Monitoramento para cada PCC (Princípio 4)*: o monitoramento ou vigilância compreende a medição ou a observação sistemática e programada em cada PCC, em relação ao limite crítico estabelecido. O procedimento selecionado para a vigilância deve ser capaz de detectar a perda de controle no correspondente PCC, isto é, um desvio da norma, com tempo suficiente para poder corrigi-la oportunamente. Com relação aos limites críticos, que acabamos de ver, os principais tipos de vigilância são observação, avaliações sensoriais, análises químicas, determinações físicas, exames microbiológicos. Um sistema de vigilância bom e corretamente aplicado deveria permitir que ajustes sejam realizados antes que o desvio aconteça. O ideal é estabelecer um monitoramento contínuo, mas se isto não for possível por escassez de pessoal, pelo custo ou por fatores similares, a freqüência de ações de vigilância deve ser tal que permita garantir que o PCC permanece sob controle. A observação, as avaliações sensoriais e as determina-

ções físicas e químicas muito simples (e na restauração coletiva, às vezes as únicas) são preferíveis às análises microbiológicas ou análises químicas mais complexas, caras e que oferecem resultados muito depois de solicitados. Um bom sistema de monitoração requer que todos e cada um dos resultados das avaliações sejam documentados, com indicação da data e da hora exata em que se realizaram. As pessoas que realizam as avaliações e seus supervisores devem assinar os documentos resultantes;

10. *Estabelecer ações corretivas (Princípio 5)*: cada vez que a vigilância indicar a tendência da perda de controle, ou um desvio, deve desenvolver-se no correspondente PCC uma ação corretiva específica. É preciso ter a certeza de que o PCC está novamente sob controle. Se o dano ocorreu num alimento, e não há como remediá-lo, será preferível eliminar ou dispor desse alimento ou preparação da forma mais conveniente. Deve-se documentar o erro cometido, assim como a decisão tomada em relação ao alimento preparado de forma incorreta. Nas cozinhas de estabelecimentos importantes já ocorreu que a caçarola, com um alimento muito "vulnerável" já preparado para ser servido durante o café da manhã do dia seguinte, foi deixada fora da geladeira, durante a noite. Depois de dez horas de *incubação*, nem o aquecimento a altas temperaturas garante a eliminação da flora microbiana desenvolvida, e menos ainda a destruição de perigosas toxinas resistentes ao calor que pudessem ter se desenvolvido durante a noite, na temperatura ambiente de uma cozinha;
11. *Estabelecer procedimentos de verificação (Princípio 6)*: é indispensável, apesar de todas as precauções e cuidados tomados para que o sistema funcione bem, verificar que realmente isso esteja acontecendo. Para isto se deve reunir toda a informação suplementar e realizar testes complementares para *verificar* que o sistema APPCC está funcionando tal como foi planejado. Existem numerosas atividades que permitem essa verificação, entre as mais recomendadas se encontram: a revisão do sistema e toda a documentação e registros preparados, a revisão dos relatórios sobre desvios ocorridos e as decisões sobre destruição, eliminação ou disposição dos alimentos preparados com erros, confirmação de que todos os PCC selecio-

nados estão sob controle. Em muitas oportunidades é necessário realizar atividades de *validação* para confirmar a eficácia de todos os elementos do plano APPCC;

12. *Estabelecer mecanismos de documentação e de registro (Princípio 7)*: na aplicação do Plano APPCC é essencial organizar um procedimento de documentação eficiente e confiável. Sempre se deve lembrar que "o que não foi documentado, nunca aconteceu". É claro que não se trata de estabelecer pesados procedimentos burocráticos. É necessário que os sistemas utilizados para a documentação e o registro sejam adequados à natureza e tamanho da operação que se realiza. Exemplos de documentação são, por exemplo, a análise de perigos realizada, a determinação dos PCC, a determinação dos limites críticos. Exemplos de registros a serem feitos: as atividades de vigilância ou monitoramento dos PCC, os desvios ocorridos e as ações corretivas associadas, as modificações do sistema APPCC. O *Codex Alimentarius* oferece um exemplo útil de uma folha de trabalho para os registros (ver Anexo 10).

Pré-requisitos para Aplicar o APPCC

Nenhum Plano APPCC, por melhor aplicado que seja, oferecerá bons resultados se não forem cumpridas as recomendações relacionadas com a higiene e a qualidade dos alimentos que temos revisado em capítulos anteriores. Em um estabelecimento de alimentação coletiva onde não se aplicam estritamente os procedimentos de higiene e desinfeção, nenhum enfoque, seja APPCC, LISA, SCAP ou SAFE terá sucesso.

Aplicação Prática do APPCC em um Estabelecimento de Alimentação Coletiva

Em relação ao que já vimos, o usuário deste *Manual* poderia pensar que não é fácil, apropriado ou aconselhável instaurar um Plano APPCC em um estabelecimento de alimentação coletiva, principalmente em um de pequeno ou médio porte. Porém isto não é assim, o uso racional e inteligente do APPCC, adaptando-o ao porte do negócio, ao número e características dos clientes, aos tipos de alimentos e pratos que se preparam e servem, etc. permitirá que qualquer estabelecimento de alimentação coletiva possa garantir a inocuidade dos alimentos que oferece aos seus clientes.

Um exemplo da importância dada ao APPCC é que a Associação Nacional de Restaurantes dos EUA recomenda e treina seus associados na aplicação deste sistema. A associação britânica correspondente favorece a aplicação do APPCC, embora de uma forma muito especial.

Além de possibilitar o objetivo de oferecer apenas alimentos inócuos, num restaurante ou estabelecimento de alimentação coletiva, o que por si já justificaria plenamente a aplicação do APPCC, existem outras vantagens cuja menção pode servir para terminar de convencer os respectivos proprietários e administradores. Entre essas vantagens encontramos:

Vantagens do Sistema APPCC para os Estabelecimentos de Alimentação Coletiva

Pode facilitar o projeto e a construção das novas instalações para a preparação dos alimentos, e a instalação e localização dos equipamentos, cozinhas, câmaras, etc., devido a que se podem prognosticar os perigos potenciais e porque sugere antecipadamente as medidas de controle;

- O sistema APPCC oferece as bases técnico-científicas para demonstrar que foram tomadas todas as precauções para prevenir os perigos potenciais;
- É um enfoque sistemático que se pode aplicar a tudo o que possa afetar a inocuidade, ou seja, aos perigos físicos, químicos e biológicos;
- É também um enfoque sistemático que pode ser aplicado em todas as etapas nas quais a inocuidade pode ser afetada, devido a que se aplica às matérias-primas, à preparação, à conservação, ao serviço e ao uso;
- Estimula a confiança na inocuidade dos pratos e de outras preparações oferecidas pelo estabelecimento, promovendo assim a confiança nas suas atividades e gerando uma maior estabilidade;
- Concentra o uso dos recursos de controle nas etapas críticas para garantir a inocuidade do produto;
- Pode reduzir perdas de produtos em função de contaminações e alterações causadas por eles;

- É um método custo-efetivo para garantir a inocuidade dos produtos oferecidos pelo estabelecimento;
- Muda a ênfase do controle do produto terminado (retrospectivo) para um enfoque preventivo.

Para facilitar a preparação de um Plano APPCC de forma mais rápida e simples, em um estabelecimento de alimentação coletiva, incorporam-se a seguir uma série de informações úteis e práticas. Algumas definições se apresentam novamente, para favorecer uma maior facilidade de interpretação ou aplicação dos exemplos.

EXEMPLOS DE PERIGOS

Perigo é um agente biológico (contaminação, sobrevivência ou desenvolvimento), químico ou físico, ou qualidade de um alimento, que pode ter efeitos adversos sobre a saúde do consumidor.

Exemplos de Perigos Físicos: *Corpos Estranhos*

Relação incompleta.

- Pequenos pedaços ou partículas metálicas (parafusos, pregos, alfinetes, partes de uma faca quebrada);
- Pequenos pedaços de madeira lascada;
- Pedacinhos de vidro; restos de uma lâmpada quebrada; par tes de óculos quebrados; partes de copos quebrados;
- Pedaços de cerâmica; restos de pratos quebrados;
- Pedaços de tecido ou aniagem;
- Pedaços de cartolina; restos de papel (por exemplo, de etiquetas);
- Pedacinhos de plástico duro ou mole (sacolas);
- Restos de couro;
- Pêlos de escovas ou de pincéis;
- Partes de cadarços de sapatos;
- Pedaços de osso;
- Espinhas de pescado; escamas de pescado;
- Caroços (de pêssego, de azeitonas), sementes de frutas;
- Pedras pequenas;
- Penas;
- Cabelos ou pêlos de animais;

- Unhas postiças, restos de unhas;
- Dentes ou partes de dentes (de dentaduras postiças);
- Brincos; relógios; pulseiras; broches; medalhas ou partes de correntes;
- Insetos ou restos deles;
- Matérias fecais de roedores;
- Partes de plantas, folhas, pétalas de flor;
- Outros.

Estes materiais estranhos podem incorporar-se aos alimentos em qualquer etapa da sua preparação.

Exemplos de Perigos Químicos

Relação incompleta.

- Resíduos de praguicidas (inseticidas, raticidas, etc.);
- Repelentes de insetos;
- Metais pesados: chumbo, cobre, mercúrio, etc., provenientes do ambiente, de ingredientes vegetais, etc.;
- Detergentes e sabonetes;
- Lubrificantes de máquinas, transformadores e equipamentos;
- Bifenilos policlorados;
- Combustíveis (querosene, gasolina, etc.);
- Cera de pisos;
- Pinturas ou vernizes;
- Anti-sépticos;
- Resíduos de medicamentos de uso veterinário;
- Excesso de aditivos ou aditivos não permitidos;
- Nitritos, nitratos (usados em algumas cozinhas que preparam seus próprios embutidos de carne);
- Medicamentos usados pelos funcionários;
- Cosméticos usados pelas funcionárias (esmalte de unhas, cremes faciais);
- Substâncias de migração dos plásticos dos vasilhames;
- Alergênicos;
- Outros.

A maioria destas substâncias jamais deveria entrar nas salas de preparação de alimentos. Se o seu uso for necessário devem ser armazenadas em locais adequados, separadas dos alimentos e das matérias-primas.

Exemplos de Perigos Biológicos

Relação incompleta.

Contaminação, proliferação ou sobrevivência de:

- Bactérias patogênicas;
- Vírus patogênicos;
- Parasitas;
- Fungos;
- Toxinas marinhas;
- Toxinas bacterianas, de fungos;
- Tecidos vegetais tóxicos;
- Tecidos animais tóxicos;
- Outros.

Ver Tabela Especial sobre Agentes Biológicos produtores de ETA.

Exemplos de Pontos Críticos de Controle

Ponto Crítico de Controle (PCC) é um processo (operação, prática, procedimento) ou lugar onde se pode agir para evitar ou eliminar um perigo ou reduzi-lo até níveis aceitáveis.

- Compra e recepção de matérias-primas e ingredientes (possível presença de contaminantes biológicos, físicos ou químicos);
- Condições de armazenagem das matérias-primas (possibilidade de multiplicação dos contaminantes biológicos se o frio não for usado corretamente; de contaminação com substâncias químicas, se as matérias-primas se armazenam perto delas; contaminação por roedores ou por insetos, quando se armazenam sem a devida proteção, etc.);
- Origem e/ou tratamento da água que se utiliza;
- Limpeza e desinfeção dos utensílios;
- Adição de ingredientes contaminados a um produto que não receberá tratamento posterior;
- Adição de ingredientes já cozidos, mas não o suficientemente frios, a outros alimentos, por exemplo, saladas cruas, que não receberão tratamento posterior (a elevação da temperatura pode servir para "incubar" e favorecer a multiplicação

de contaminantes bacterianos que tivessem conseguido permanecer em alguns vegetais crus);

- Adição de substâncias ácidas durante a preparação, por exemplo agregar suco de limão ou vinagre e óleo durante a preparação de uma maionese, ou suco de limão na preparação de escabeche ou vinagrete (se não for suficientemente acidificado, perigos biológicos, como as salmonelas, ou os vibriões coléricos, podem multiplicar-se);
- Temperatura utilizada para cozinhar ou para requentar os alimentos;
- Temperatura de refrigeração dos produtos já cozidos;
- Tempo transcorrido entre a cocção e a refrigeração;
- Descongelamento.

Exemplos de Limites Críticos

Limite Crítico ou Critério é um valor limite que marca a diferença entre um produto inócuo e um perigoso, em um determinado PCC. O critério é um parâmetro mensurável de natureza física (por exemplo, tempo ou temperatura, nível de umidade), química (por exemplo, concentração de um ácido determinado ou de cloro), sensorial (por exemplo, aparência visual, textura), ou biológica.Todo limite crítico deve ser validado. Em alguns casos existe a necessidade de estabelecer mais de um limite crítico para um determinado passo. Um limite crítico deve oferecer um alto grau de garantia.

- Tempo de cocção de um frango na brasa (15 segundos);*
- Temperatura (interna) à qual foi mantido durante esse tempo (74°C);*
- Grau de acidez ou pH da maionese no final da sua preparação (não superior a pH 4.1);
- Concentração de cloro na água do poço usada no restaurante.

* Isto não quer dizer que em apenas 15 segundos o frango estará "cozido". Isto se refere à eliminação dos microrganismos perigosos, que ficará garantida se a temperatura interna ("centro geométrico") do frango, alcançou os 74°C durante um tempo mínimo de 15 segundos.

Exemplos de Monitoramento

O monitoramento ou vigilância compreende a medição ou observação sistemática e programada em cada PCC, em relação com o limite critico estabelecido.

- Observação visual (por exemplo, estado de ebulição dos líquidos);
- Verificar, através do uso do termômetro, que a temperatura interna desejada foi alcançada;
- Controlar o tempo em que o alimento permaneceu nessa temperatura;
- Medir o pH, da maionese por exemplo, mediante o papel indicador, ou melhor ainda com um potenciômetro portátil (sem partes de vidro).

Exemplos de Atividades Corretivas

Cada vez que a vigilância indicar a tendência à perda de controle, ou que tenha ocorrido um desvio, deverá realizar-se no correspondente PCC, uma ação corretiva específica. É preciso ter a certeza de que o PCC está novamente sob controle. Do que acabamos de mencionar podemos inferir que existem dois tipos de ações corretivas: 1. ações que servem para ajustar o processo e manter o controle para prevenir desvios no PCC; e 2. ações que devem realizar se quando ocorre algum desvio no PCC.

1. As ações corretivas para prevenir desvios requerem o uso de valores de referência especiais, ou níveis objetivos, dentro dos limites críticos. Esses valores de referência especiais devem ser diferentes dos limites críticos, embora mais "exigentes" que eles, para poder antecipar-se à apresentação de desvios. Assim que esses valores de referências estejam se excedendo, o processo deverá ser ajustado, fazendo-o voltar às condições normais de operação. Como acabamos de ver, é este monitoramento permanente, o que permite descobrir, que os desvios estão se iniciando.

Podem ser exemplos destas ações:

- Continuar cozinhando o frango por vários minutos, uma vez que a temperatura interior alcançou os 74°C;

- Adicionar mais suco de limão ou mais vinagre para baixar o pH, no momento de preparar a maionese, ao verificar que a acidez (ou o pH), está muito próxima do limite estabelecido;
- Esfriar rapidamente o alimento para corrigir a temperatura de armazenagem, se ficar comprovado que esta tinha ultrapassado o limite (neste caso averiguar em quantos graus e por quanto tempo se excedeu a temperatura recomendada, fato que poderia ter permitido o crescimento de microrganismos perigosos).

2. Quando se verifica que já ocorreram desvios em um PCC, é preciso agir muito rapidamente. Em primeiro lugar, o processo deve ser ajustado, por exemplo, como foi indicado no caso anterior. Mas também se deve considerar que talvez o alimento tenha sofrido conseqüências muito difíceis de corrigir, como, por exemplo, a produção de toxinas microbianas que não serão destruídas nem com o reaquecimento do produto. Por exemplo, se na geladeira foi guardado um bolo (ou uma torta) com creme, e no dia seguinte se verifica que faltou eletricidade por várias horas, deve-se decidir imediatamente a destruição do produto (ação corretiva, também) ou solicitar a opinião dos assessores higienistas ou laboratoristas externos, que, talvez, poderiam realizar alguns testes de laboratório para verificar a inocuidade do produto; porém, isto não é muito prático e às vezes é preferível arcar com o prejuízo e destruir o produto. Se o alimento que permaneceu várias horas sem refrigeração fosse, por exemplo, carne cozida, poder-se-ia utilizar em algum tipo de produto que será submetido a aquecimento elevado, como empanadas de carne, por exemplo, desde que se verifique previamente que a carne sem refrigeração não tenha adquirido odores ou cores desagradáveis. No caso da indústria de alimentos, onde a produção se faz em grandes quantidades, etc., as decisões que deverão ser tomadas, antes de destruir o produto, estão sujeitas a outras variáveis.

Exemplos de Procedimentos de Verificação

Apesar de todas as precauções e cuidados que se tem tomado para que o sistema funcione bem, é indispensável verificar que isso realmente está ocorrendo dessa forma; para tanto se deve reunir toda a informação suplementar e realizar provas complementares para *verificar* se o sistema APPCC está funcionando tal como foi planejado. Em muitas ocasiões será necessário realizar atividades de *validação* para confirmar a eficácia de todos os elementos do plano, a revisão do sistema e toda a documentação e registros preparados, a revisão dos relatórios sobre os desvios ocorridos e as decisões sobre destruição, eliminação ou disposição dos alimentos preparados com erros, confirmação de que todos os PCC selecionados estão sob controle.

Exemplos de Documentação que Será Necessário Preparar

Na aplicação do Plano APPCC é essencial organizar um procedimento de documentação eficiente e confiável. Sempre se deve lembrar que "o que não foi documentado nunca aconteceu".

Exemplos de documentação são, por exemplo, a análise de perigos efetuada, a determinação dos PCC, as determinações dos limites críticos. Exemplos de registros que se deve realizar são: as atividades de vigilância ou monitoramento dos PCC, os desvios produzidos e as ações corretivas associadas, as modificações do Sistema APPCC.

Capítulo 14

Legislação Sanitária no Setor da Alimentação Coletiva

"Dura lex, sed lex"
Dura é a lei, mas é a lei.

Máxima que se lembra ao falar de uma lei, regulamento ou regra difícil à qual é necessário submeter-se.

Na alimentação coletiva, como em toda atividade humana, é necessário dispor e aplicar regulamentações oficiais ou privadas que rejam e controlem as ações diárias, e que sirvam como marco legal, jurídico, que estabeleça responsabilidades, direitos e deveres. A meta de todo estabelecimento de alimentação coletiva é, ou deveria ser, oferecer aos seus clientes ou comensais alimentos inócuos e de excelente qualidade, em um ambiente adequado e com o melhor serviço e atenção. Felizmente, os proprietários e gerentes das empresas não estão sozinhos no cumprimento dessa responsabilidade. Os governos nacionais, estaduais, municipais; os organismos internacionais relacionados, as associações de hotelaria e alimentação, nacionais ou internacionais, têm os mesmos objetivos e se esforçam por preparar e fazer cumprir, leis, regulamentos, normas, diretrizes, especificações, padrões, que permitam atingir os objetivos assinalados. É bom lembrar que a moderna legislação sobre alimentos não tem (ou, em todo caso, não deveria ter) fins punitivos, mas uma orientação preventiva, pedagógica, docente, que permita obter alimentos inócuos e de excelente qualidade, e que facilite sua comercialização.

Existem regulamentações ou mecanismos locais para todos e cada um dos aspectos relacionados com a indústria e comércio da alimentação coletiva. A construção e adequação dos locais, as matérias-primas, os serviços sanitários, os funcionários, as operações de manipulação, conservação, processamento e preparação dos alimentos, etc. recebem a devida atenção nos instrumentos legais. Todo estabelecimento deveria possuir, e colocar ao alcance dos trabalhadores, exemplares da legislação local e nacional, com a finalidade de que as conheçam e as cumpram, para não alegar depois seu desconhecimento, ao tentar justificar erros cometidos que possam desencadear, por exemplo, um surto epidêmico de uma doença transmitida por alimentos. É uma boa prática também, possuir um exemplar das melhores regulamentações internacionais.

Dentro das regulamentações estão as relacionadas com as boas práticas de manufatura ou práticas corretas de fabricação, os códigos de higiene, etc.

Exemplo de boas regulamentações são, por exemplo, a Norma 93/43/CEE de 14 de julho de 1993, aplicável a partir de dezembro de 1995; o *Food Code* aprovado pela Administração de Alimentos e Medicamentos dos EUA (USFDA), o Código Sanitário Espanhol e suas correspondentes Regulamentações Técnico-Sanitárias; etc. Um excelente documento geral, que pode servir como "livro de cabeceira" para todos os gerentes e os responsáveis pela higiene dos estabelecimentos é o Código Internacional de Práticas. Princípios Gerais de Higiene dos Alimentos, preparado e aprovado pelo *Codex Alimentarius*, da OMS e FAO.

Norma 93/43/CEE (União Européia)

A Norma apresenta um Anexo que mostra, nos seus respectivos capítulos, diversos aspectos que devem ser cumpridos. Por exemplo, o Capítulo I se ocupa dos "Requisitos gerais para os locais de empresas alimentícias".

- Os locais por onde circulam produtos alimentícios deverão estar limpos e em bom estado;
- A disposição do conjunto, o projeto, a construção e as dimensões dos locais por onde circulam os produtos alimentícios deverão:

- Permitir uma limpeza e desinfecção adequadas;
- Evitar o acúmulo de sujeira, o contato com materiais tóxicos, o depósito de partículas e a formação de condensação ou de mofo indesejável nas superfícies;
- Possibilitar as práticas corretas de higiene dos alimentos, inclusive durante as diferentes operações, a prevenção da contaminação cruzada provocada pelos alimentos, o equipamento, os materiais, a água, a provisão de ar, os funcionários ou fontes externas de contaminação tais como insetos e outros animais;
- Oferecer, quando for necessário, as condições técnicas adequadas para o tratamento e a armazenagem higiênica dos produtos.

• Deverá existir um número suficiente de lavabos, devidamente localizados e sinalizados, para a limpeza das mãos, assim como de vasos sanitários com as descargas conectadas a um sistema de esgoto eficaz. Os vasos sanitários não devem comunicar-se diretamente com os locais onde se manipulam alimentos;
• Os lavabos para a higiene das mãos devem possuir água corrente fria e quente, assim como material para a limpeza e secagem higiênica das mãos. Quando for necessário, as instalações para lavar os produtos alimentícios devem estar separadas das instalações destinadas à lavagem das mãos;
• É necessário contar com meios apropriados e suficientes de ventilação mecânica ou natural. Evitar toda corrente de ar mecânica desde uma área contaminada para outra limpa. Os sistemas de ventilação deverão estar construídos de forma que se possa ter acesso fácil aos filtros e outras partes que devam ser limpas ou substituídas;
• Todos os serviços sanitários instalados nos locais onde circulem os produtos alimentícios deverão dispor de ventilação adequada, natural ou mecânica;
• Os locais por onde circulam os produtos deverão estar suficientemente iluminados por meios naturais ou artificiais;
• Os sistemas de esgoto deverão ser os adequados para os objetivos previstos e na sua construção e projeto dever-se-á ter evitado qualquer risco de contaminação dos produtos alimentícios;
• Onde for necessário, deverão existir vestiários suficientes para o pessoal da empresa."

- Requisitos específicos dos locais onde se preparam, tratam ou transformam, os alimentos (exceto as salas de refeições e os locais especificados no Capítulo III). Nos locais onde se preparam, tratam ou transformam os alimentos (com exceção das salas de refeições):
  - As superfícies dos pisos devem conservar-se em bom estado e ser fáceis de limpar e, quando for necessário, de desinfetar. Isto requer o uso de materiais impermeáveis, não absorventes, laváveis e não tóxicos, a não ser que as empresas do setor alimentício possam convencer as autoridades competentes de que outros materiais são adequados. Quando procedente, os pisos devem permitir um escoamento de água adequado;
  - As superfícies das paredes devem conservar-se em bom estado e devem ser fáceis de limpar e, quando for necessário, de desinfetar. Isto requer o uso de materiais impermeáveis, não absorventes e não tóxicos e sua superfície deve ser lisa até uma altura adequada para as operações, a não ser que as empresas do setor alimentício possam convencer as autoridades competentes de que outros materiais são adequados;
  - Os tetos, forros e outras instalações suspensas devem estar projetados, construídos e acabados, de forma a evitar o acúmulo de sujeira e reduzir a condensação, a formação de mofo indesejável e o desprendimento de partículas;
  - As janelas e outras aberturas deverão estar construídas de forma a impedir o acúmulo de sujeira e aquelas que se comunicam com o exterior deverão possuir telas contra insetos que possam ser desmontadas facilmente para sua limpeza. Quando o abrimento de uma janela puder resultar na contaminação dos produtos alimentícios elas devem permanecer fechadas com trinco durante a produção;
  - As portas devem ser fáceis de limpar e, quando necessário, de desinfetar. Isto requer que suas superfícies sejam lisas e não absorventes, a não ser que as empresas do setor alimentício possam convencer as autoridades competentes de que outros materiais são adequados;
  - As superfícies (incluídas as dos equipamentos) que estiverem em contato com os alimentos devem ser mantidas em bom estado, ser fáceis de limpar e, quando for necessário,

de desinfetar. Isto requer que sejam construídas com materiais lisos, laváveis e não tóxicos, a não ser que as empresas do setor alimentício possam convencer as autoridades competentes que outros materiais são adequados.

- Se necessário se disporá de instalações próprias para a limpeza e desinfeção dos instrumentos e materiais de trabalho. Estas instalações deverão ser construídas com um material resistente à corrosão, fáceis de limpar e ter uma provisão adequada de água fria e quente;
- Se for o caso, serão tomadas as medidas adequadas para a lavagem dos alimentos. Todas as pias ou as instalações similares destinadas à lavagem de alimentos deverão ter uma provisão adequada de água potável quente, fria ou ambas, segundo a necessidade, e devem manter-se limpas.

Responsabilidades e Conhecimentos Exigidos dos Administradores dos Estabelecimentos que Preparam ou Comercializam Alimentos, nos EUA

As exigências relacionadas à legislação variam de país para país, mas, por exemplo, a Administração de Alimentos e Medicamentos dos EUA (FDA), agência estatal modelo pela sua preocupação com a qualidade e inocuidade dos alimentos, exige responsabilidades e conhecimentos específicos sobre o tema das pessoas que são responsáveis pelos estabelecimentos onde se preparam ou se comercializam substâncias alimentícias. Entre as responsabilidades o *Food Code*, na sua edição de 1997, exige que o proprietário seja, ele (ou ela) mesmo a "pessoa encarregada" ou que, no seu lugar, indique uma outra pessoa com essas responsabilidades, e deve assegurar-se que essa pessoa esteja presente no estabelecimento durante todas as horas em que este funciona.

Além disso, em função dos riscos de provocar ETA, que são inerentes à natureza das operações de preparação, manuseio ou serviço de alimentos, exige-se que o "conhecimento" seja demostrado pela pessoa encarregada durante as inspeções ou a pedido da autoridade oficial correspondente. Os conhecimentos que devem ser demonstrados correspondem à prevenção das ETA, à aplicação dos princípios do APPCC, e aos requerimentos do Código de Alimentos. A demonstração pode ser através da apresentação de um certificado válido que a pessoa tenha recebido depois da sua capacitação e dos exames correspondentes, ou respondendo às perguntas que o inspetor formule em relação ao tipo de trabalho específico que se realiza no estabelecimento a seu cargo. Alguns proprietários ou administradores, de outros países, talvez achem exageradas as exigências vigentes nos EUA em relação a estas áreas de conhecimento que necessitam ser demostradas, e que compreendem, resumidamente, o seguinte:

- Descrever a relação entre a prevenção das ETA e a higiene pessoal dos funcionários;
- Explicar sua responsabilidade na prevenção da transmissão das ETA por um funcionário que possui uma doença ou uma condição médica que possa causar os referidos problemas;
- Descrever os sintomas associados com as doenças que são transmissíveis através dos alimentos;
- Explicar o significado da relação tempo-temperatura a que devem ser submetidos os alimentos potencialmente perigosos e a prevenção das ETA;
- Explicar os perigos que representam o consumo de carnes, aves e pescados crus ou não suficientemente cozidos;
- Explicar as temperaturas e tempos requeridos para a cocção segura de alimentos potencialmente perigosos incluindo carnes, carnes de aves, ovos e pescados;
- Indicar as temperaturas e tempos requeridos para refrigerar, para manter quente, manter resfriado, e para o reaquecimento de alimentos potencialmente perigosos;
- Descrever a relação entre a prevenção das ETA e o manuseio e controle de:
  - Contaminação cruzada;
  - Contato das mãos desprotegidas com alimentos prontos para ser ingeridos;
  - Lavagem das mãos; e
  - Manutenção do estabelecimento limpo e em boas condições;
- Explicar a relação entre a inocuidade dos alimentos e a provisão de equipamentos que sejam:
  - Suficientes em número e capacidade; e
  - Projetados, construídos, localizados, instalados, operados, mantidos e higienizados adequadamente.

- Explicar os procedimentos corretos para a limpeza e desinfecção dos utensílios e das superfícies dos equipamentos e móveis que entram em contato com os alimentos;
- Identificar a fonte de água utilizada e as medidas adotadas para garantir que esteja protegida de contaminações, tais como evitar o efeito sifão e excluir as possibilidades de conexões cruzadas;
- Identificar os materiais tóxicos ou venenosos no estabelecimento, e os procedimentos necessários para assegurar que estejam adequadamente armazenados, distribuídos, usados e eliminados de acordo com a lei;
- Identificar os Pontos Críticos de Controle desde a compra ou aquisição, que podem contribuir com a transmissão de ETA quando não são controlados, e explicar os passos ou as medidas tomadas para garantir que os referidos pontos estão controlados de acordo com os requerimentos da legislação;
- Explicar os detalhes de como (ele ou ela) a pessoa responsável e os manipuladores de alimentos cumprem com o Plano APPCC, se esse plano é requerido pela lei, pelo Código, ou por um outro compromisso adquirido pelo estabelecimento com as autoridades;
- Explicar as responsabilidades, direitos e autorizações que o Código adjudica:
  - Aos manipuladores e outros funcionários da empresa;
  - À pessoa responsável;
  - À autoridade oficial.

À pessoa responsável a cargo do estabelecimento são adjudicadas, além dessas, muitas outras obrigações, relacionadas com o funcionamento do estabelecimento, com a conduta e hábitos dos manipuladores, hábitos dos consumidores em relação ao bufê, saúde dos funcionários, hábitos de limpeza, práticas higiênicas, etc. pelo Código de Alimentos dos EUA, que estamos comentando.

Capítulo 15

Crise no Setor da Alimentação Coletiva

Os proprietários ou gerentes de um restaurante ou indústria de alimentos não deveriam se perguntar se uma crise pode afetá-los, mas seria melhor que se perguntassem quando ela ocorrerá e preparar-se para enfrentá-la quando ela acontecer. O melhor conselho e a melhor advertência estão no título de um livro sobre o assunto: *Administração da crise. Planejando para o inevitável.*

Devido a fato de que uma crise pode acontecer em qualquer momento, sem avisos prévios, é indispensável que a empresa se prepare adequadamente para administrá-la quando ela acontecer. Com a "cabeça fria" se poderá decidir melhor em relação à forma de agir e à seleção da metodologia que será utilizada para encarar a crise. Quando uma crise ocorre, o nervosismo do momento, as pressões e urgências não permitem escolher os melhores caminhos para resolvê-la, se é que não se está preparado para a contingência.

Como definição podemos dizer que uma crise é qualquer situação que tem, ou ameaça ter, um grande efeito negativo sobre o estabelecimento. Para a Associação Nacional de Restaurantes dos EUA, uma crise é uma mudança abrupta no transcurso das operações. Em compensação, define um acidente como um evento não intencional que resulta em injúrias, perdas ou danos. Um acidente pode ser considerado como uma crise, mas por definição uma crise compreende uma série de eventos, mais do que um evento simples ou isolado. Uma crise geralmente desencadeia outras, dificilmente ocorre isoladamente. Uma crise pode ser ocasionada por um acidente, um assalto, um desastre natural ou gerado pelo homem, um surto de Enfermidade Transmitida por Alimentos, a retirada obrigatória dos canais de comercialização de algum produto da empresa, etc.

Segundo a mesma fonte, as características das crises são: extremada urgência; intensidade crescente; interesse ou escrutínio pelos meios de comunicação e pelas autoridades públicas; interferência com as operações normais; a imagem pública da empresa é afetada; a empresa sofre perdas econômicas; e gera-se sofrimento humano.

Uma empresa que enfrenta uma crise deve imediatamente dedicar-lhe muito tempo e esforços. A situação é realmente urgente. O mais difícil numa crise é que ao problema inicial seguem-se muitos outros problemas, derivados da ocorrência do primeiro.

Em geral, a crise obriga a interromper as operações diárias. A suspensão pode ser por um curto prazo ou prolongar-se por muito tempo. Neste último caso surge um problema adicional, os funcionários devem continuar recebendo um salário básico. Se a empresa decide não fazê-lo, os funcionários e suas famílias sofrerão muito. E ainda na alternativa de que continuem recebendo, o moral dos funcionários sofrerá com a incerteza e com a insegurança a respeito da continuidade do funcionamento da empresa.

O jornalismo falado e escrito será o primeiro a chegar para visitar as instalações da empresa. Alguns jornalistas agirão com seriedade com desejos de apenas cumprir com sua missão informativa. Outros, aproveitarão a oportunidade para iniciar um escândalo, que afetará, talvez para sempre, o prestígio da empresa. Dependendo da forma como o proprietário, a gerência e os funcionários se relacionem com os jornalistas, a crise poderá se agravar ou também poderá trazer alguns benefícios para o estabelecimento. As autoridades nacionais ou locais também visitarão ou realizarão inspeções minuciosas nos locais da empresa. Todas as deficiências e defeitos que, nas inspeções rotineiras possam ter passado despercebidos, desta vez serão descobertos e utilizados contra os interesses da empresa.

A imagem pública e o prestígio da empresa ficarão manchados definitivamente, mesmo que as investigações demonstrem que a empresa administrou bem a crise. Além disso, e para complicar a situação, as perdas econômicas ocasionadas pela crise, e que a modo de exemplo, analisaremos ao discutir o impacto econômico negativo das Enfermidades Transmitidas por Alimentos, serão elevadas e às vezes poderão levar o estabelecimento à falência.

O mais importante de uma crise é o sofrimento humano que produz em todos os afetados, sejam eles proprietários, gerentes, funcionários, clientes, ou simplesmente amigos da empresa. Todos, de uma forma ou de outra, sofrem as conseqüências da crise.

Como mencionamos anteriormente, uma crise é inevitável e constitui "a espada de Damocles" que toda indústria e comércio têm sobre si. Frente a esta situação inevitável, é necessário que os proprietários e gerentes reflitam e sigam as recomendações que os especialistas aconselharem a fim de estar preparados quando a crise sobrevier, e assim agir da forma mais eficiente possível para resolvê-la ou administrá-la.

Primeiramente é indispensável que a direção superior da empresa tome a decisão de preparar antecipadamente um plano de prevenção e de administração da crise. Como para o caso da introdução de um APPCC (ver capítulo correspondente), aqui também é necessária a formação de uma equipe (*team*) que prepare a documentação, e o plano de prevenção. Além disso, essa equipe humana, deverá preparar um plano de ação para quando a crise acontecer. Deve nomear-se antecipadamente, um representante para falar com a imprensa e com as autoridades. Esse representante será o único autorizado pela empresa para dar declarações ou responder perguntas dos meios de comunicação. Sua autoridade, assim como a do chefe da equipe de "administração da crise", deverá ser respeitada, inclusive pelos proprietários, gerentes, etc.

É muito importante reler e discutir a história das crises que tenham podido sofrer outras empresas no país e no exterior. Uma avaliação da administração realizada nessas oportunidades, os erros e os acertos, os resultados, etc. ilustrarão e servirão para extrair ensinamentos que poderemos aplicar quando a "hora inevitável" chegar.

Como exemplos de crises citaremos a que ocorreu com um famoso fabricante de sopas dos EUA, cujos produtos transmitiram o botulismo a consumidores de EUA e de Israel. O caso de um restaurante, em uma província argentina, onde ocorreram, com 20 anos de diferença, dois importantes surtos de botulismo pela contaminação da comida servida ali. Uma fábrica processadora de salmão enlatado no Alasca, cujos produtos causaram dois mortos por botulismo, em Londres. Uma história recente é a de um estabelecimento de "comidas rápidas" no Estado de Washington, EUA, cujos hambúrgueres, contaminados com *Escherichia coli* O157 H7 causaram a morte de algumas crianças e adoeceram dezenas de clientes. Também num hotel de quatro estrelas na Suíça, um "tiramisú", contaminado com *Salmonella enteritidis*, afetou mais de uma centena de turistas canadenses, etc. Além das perdas econômicas e de prestígio, a mudança da diretoria de uma empresa, o fechamento de fábricas, o processamento penal dos responsáveis, etc., são algumas das conseqüências que estas crises tiveram.

Uma das crises que tem maiores probabilidades de afetar um estabelecimento dedicado à alimentação coletiva, um restaurante ou uma empresa de cozinha de vôo (*catering* aéreo), é a de um surto de ETA. Um bom exercício para realizar durante o treinamento dos funcionários, é fazer uma simulação da crise. Pode-se realizar a investigação epidemiológica correspondente e também utilizar com sucesso o jogo de papéis (*role playing*) ou dramatização, se representará o papel do proprietário, do gerente, do *chef de cuisine*, dos garçons, clientes e jornalistas, das autoridades nacionais e da poliícia. A participação ativa de todos, nestas dinâmicas, será a melhor forma de aprender, de forma prática, o planejamento pré-crise, a resposta durante a crise e a avaliação a ser realizada, posterior à crise.

Para enfrentar as crises e, especialmente, as atitudes que devem ser adotadas em situações de emergência ou os caso de desastres, existem programas de algumas organizações internacionais que são muito úteis. Por exemplo, a Organização Mundial da Saúde (OMS) tem um Programa Técnico de Preparativos para Situações de Emergência e Coordenação de Socorro em Caso de Desastres. A filosofia, metodologia e a forma de ação recomendadas nesse programa podem nos orientar na preparação de nosso próprio programa. A semelhança é óbvia, nenhum país pode evitar a ocorrência de um desastre natural, seja um terremoto, furacão ou inundação, mas sim pode (e deve) preparar-se para quando o desastre acontecer, com o intuito de que os danos provocados sejam menores, de que haja menos vítimas e de que a situação possa ser controlada sem perder tempo.

ADMINISTRAÇÃO DE EMERGÊNCIA OCORRIDA POR SURTO DE ENFERMIDADE TRANSMITIDA POR ALIMENTOS EM UM SERVIÇO DE ALIMENTAÇÃO COLETIVA

Talvez um dos tipos de crise mais freqüente ou, em todo caso, a que deixa os serviços de alimentação coletiva mais expostos é o das crises originadas por um surto de Enfermidade Transmitida por Alimentos. Por este motivo, todos os estabelecimentos de serviços de alimentos devem estar preparados para a ocorrência de um surto. A preparação para enfrentar este tipo de crise se obtém seguindo as recomendações e conselhos do capítulo sobre inocuidade deste *Manual*. A forma de administrar a emergência será apresentada na continuação.

Primeiramente se deve considerar que uma *Enfermidade Transmitida por Alimentos (ETA)* é uma síndrome originada pela ingestão de alimentos ou água que contenham agentes etiológicos em quantidades tais que afetem a saúde do consumidor individualmente ou de grupos populacionais. As alergias por hipersensibilidade *individual* a certos alimentos não se consideram ETA. Um *surto* de ETA é um episódio no qual duas ou mais pessoas apresentam uma doença similar depois de ingerir alimentos ou água, da mesma origem, sendo que a evidência epidemiológica ou a análise de laboratório indicam os alimentos ou a água, como veículo da doença. Um *surto familiar* é o episódio no qual duas ou mais pessoas que convivem ou têm contato apresentam uma doença similar depois de ingerir uma comida comum e na qual a evidência epidemiológica aponta os alimentos ou água como origem da doença. Um *caso* de ETA é uma pessoa que adoeceu depois do consumo de alimentos ou água, considerados contaminados, considerando a evidência epidemiológica ou a análise do laboratório.

Diante do surgimento de um surto de ETA por alimentos servidos em um restaurante ou em qualquer outro estabelecimento de alimentação coletiva, deve-se agir com a maior rapidez. É indispensável, desde o início, tentar diminuir as conseqüências negativas que esta crise possa desencadear sobre o estabelecimento. É necessário agir com todo senso de *urgência* ante a emergência. Diante da mínima indicação, pela reclamação de um cliente ou por informações proporcionadas por um amigo, vizinho ou funcionário da empresa, deve-se procurar obter a informação mais completa e confiável que for possível; depois, o "comitê das crises" (supomos que todo estabelecimento deve ter um) deverá analisar a situação com a maior objetividade e reserva, se possível deverão ser convocados os assessores externos em higiene e inocuidade de alimentos, e se o estabelecimento não os tiver, consultar um deles ou um epidemiologista; o porta-voz do comitê de crise deve ser o único autorizado a formular declarações, mas todo o pessoal, desde os proprietários até o gerente geral ou administrador e trabalhadores, devem agir da forma mais positiva, e com muita cautela com os clientes, com as autoridades sanitárias, policiais ou municipais, segundo o caso, e com os representantes dos meios de comunicação.

Captura da Informação

Quanto maior for a informação recolhida, e melhor a sua qualidade, um estabelecimento estará em melhores condições de enfrentar a crise. É indispensável deixar documentado por escrito, toda a informação obtida. Alguns estabelecimentos possuem uma forma impressa para esta atividade, essa precaução padroniza o recolhimento da informação e evita que durante a realização destas ações a pessoa esqueça de perguntar por alguns detalhes ou informações. É necessário lembrar que, em hipótese alguma, deve-se pressionar os clientes que estão apresentando suas queixas ou reclamações, e nem se devem insinuar respostas ou oferecer-lhes informação adicional sobre o que está acontecendo, isto é muito importante; não perguntar, por exemplo, sobre sintomas adicionais, fundamentando-se no que outro cliente tenha declarado, se isto fosse feito estaríamos induzindo-o à sugestão e o informante poderá começar a sentir esses sintomas, ou acreditar que os têm ou já os tenha tido. Em hipótese nenhuma se deverá discutir, brigar ou contradizer o informante. É necessário ter a precaução de anotar datas, horários de ingestão da comida suspeita, o horário do aparecimento dos primeiros sintomas. É importante perguntar em que outros lugares ele comeu, e que alimentos ingeriu na sua casa ou em outros estabelecimentos comerciais ou públicos; é particularmente útil perguntar se foram ingeridos alimentos preparados e vendidos na rua por vendedores ambulantes. Perguntar sempre o nome do médico que o tratou, o nome e endereço do hospital, clínica ou estabelecimento que procurou. Que medicamentos ele ingeriu, em que farmácia os adquiriu (esse dado é muito importante, o profissional farmacêutico responsável por essa farmácia poderá ter informações sobre outras pessoas do bairro, com os mesmos sintomas, que talvez não tenham ingerido seus alimentos no estabelecimento suspeito). Em anexo apresentamos um modelo de questionário cuja utilização pelos serviços epidemiológicos é aconselhado por organismos especializados. Outra recomendação de grande importância é que a pessoa que está coletando a informação não assuma responsabilidades que correspondem ao médico ou ao farmacêutico, diagnosticando, interpretando os sintomas, ou prescrevendo ou indicando a forma de usar os medicamentos; este autocontrole é difícil, pois muitas pessoas gostariam de realizar essa atividades ou oferecer conselhos médicos sem estar capacitados ou autorizados para isso (ver Anexo 11).

Ao falar com os possíveis infectados, é conveniente lembrar-lhes que a qualidade e a inocuidade dos alimentos servidos são uma das preocupações principais do estabelecimento. É melhor esclarecer que se aplica um programa técnico para conservar essas características nos alimentos. Mas não é por isso que se deve contradizer o cliente, ou discutir com ele. Não se deve negar categoricamente que nosso estabelecimento seja culpável, mas também não se deve admitir a culpa. É necessário lembrar sempre que estas crises podem levar a um processo, mais grave e delicado ainda se houver algum falecimento; a admissão da culpa por parte de algum funcionário da empresa pode ser usada como argumento de grande peso durante o julgamento.

Relações com as Autoridades Oficiais

É necessário oferecer toda a informação possível às autoridades. É conveniente informá-los de que a empresa possui padrões e procedimentos muito rígidos para garantir a qualidade e a inocuidade dos alimentos que preparam e servem. Nesse aspecto, é muito útil *demonstrar* às autoridades que se aplica um sistema preventivo como o APPCC (ver capítulo sobre inocuidade).

Ações Finais

Mesmo no caso de que as investigações demonstrem irrefutavelmente que o estabelecimento não foi o culpado pelo surto de ETA, é aconselhável continuar demonstrando nossa preocupação pelo estado de saúde dos nossos clientes. Se a pessoa afetada for um cliente assíduo ou os membros de uma família, enviar flores, um cartão, ou telefonar demonstrará a nossos clientes nossa preocupação com eles, e ajudará a que voltem rapidamente ao estabelecimento. A circunstância de um surto, no qual o estabelecimento foi isento de toda culpa, pode ser aproveitada para reforçar as ações de educação sanitária e de informação sobre como evitar que a saúde do consumidor seja afetada pela ingestão de alimentos contaminados.

Capítulo 16

Capacitação do Pessoal

O uso de recursos econômicos e de tempo, na capacitação para melhorar a qualidade, a higiene e a inocuidade dos alimentos, é um dos melhores investimentos que uma empresa de restauração coletiva pode realizar. A capacitação do gerente e do manipulador é um bom negócio, da mesma forma que também o são a higiene e o saneamento do local do estabelecimento. É possível argumentar que a freqüente rotatividade do pessoal manipulador invalida parcialmente este argumento, mas bastará realizar uma avaliação dos riscos, uma apreciação dos antecedentes históricos do impacto econômico negativo produzido por surtos, que incluem a perda do prestígio e da clientela, além de uma análise custo-benefício, para que os empresários verifiquem a conveniência de investir na capacitação.

É preciso destacar a necessidade de estabelecer claras diferenças entre o que é instrução, treinamento e educação. Não basta *instruir* oferecendo conhecimentos teóricos ao manipulador, deve-se *treinar* para que realize bem certas atividades práticas, e *educar* para que mude seus hábitos, suas atitudes, sua conduta. Não se ganha muito com informar o manipulador sobre a necessidade de lavar as mãos depois de tocar alimentos crus, por exemplo, se ele não sabe – de forma prática – lavar bem as suas mãos, e menos ainda se não incorpora essas costumes dentro de seus hábitos de trabalho. As atividades de educação para a saúde, em geral, devem ter fins cognitivos e de mudança de comportamento, já que a maioria das pessoas tem consciência de que a simples aquisição de informação sobre os efeitos negativos e positivos de uma determinada conduta não é capaz de produzir uma motivação suficiente para estimular sua mudança. Um programa educacional, tanto para os manipuladores profissionais como para os domésticos, deve ser planejado fundamentado numa combinação de dois tipos de informação: 1. sociocultural, isto é, que deve ser específico para o grupo cultural a que está dirigido, e deve responder às condições tecnológicas, sociais e econômicas prevalecentes no entorno desse grupo; 2. informação técnica, proveniente do conhecimento das falhas ou erros mais freqüentes que se cometem, no estabelecimento específico, os quais foram detectados mediante uma atenta observação, ou pela aplicação de sistemas como o APPCC, enfoque apresentado no capítulo sobre inocuidade.

Deve ser lembrado sempre que a capacitação em higiene, qualidade e inocuidade dos alimentos não se deve oferecer somente aos "manipuladores" estritamente falando. Talvez, seja um bom costume considerar como manipulador todo o pessoal, incluindo o hierárquico, que de alguma forma intervém dentro do estabelecimento de alimentação coletiva. Por outro lado, não devemos ignorar um dos preceitos para alcançar a Qualidade Total, que é: "a Qualidade é responsabilidade de todas e de cada uma das pessoas capazes de produzir um efeito sobre ela".

Em relação à informação, às habilidades e atitudes que são necessárias para os gerentes de estabelecimentos de restauração coletiva, e para os manipuladores, devem-se considerar as seguintes listas que podem ser úteis, quando se preparam programas de capacitação:

Informação, Habilidades e Atitudes Necessárias para Proprietários, Gerentes e Administradores de Restauração Coletiva

- Conhecimento dos pontos críticos de controle para alimentos potencialmente perigosos que são preparados e armazenados. Conhecimento básico do APPCC (Sistema de Análise de Perigos Potenciais, e determinação de Pontos Críticos de Controle);
- Conhecimento básico sobre as Enfermidades Transmitidas por Alimentos;

- Compreensão de que as autoridades de saúde podem (e devem) colaborar com a redução de alguns dos riscos relacionados com a saúde e na solução de problemas de saneamento;
- Conhecimento da combinação tempo/temperatura à qual se devem expor os alimentos para destruir as formas vegetativas de agentes produtores de doenças;
- Conhecimentos sobre procedimentos para manter os alimentos, evitando que os microrganismos se multipliquem até o ponto de causar doenças ou alterar os alimentos;
- Compreensão da necessidade de treinar, motivar e supervisionar adequadamente o pessoal manipulador;
- Conhecimento dos procedimentos e dos horários adequados para a limpeza correta do equipamento utilizado nas operações;
- Consciência dos perigos de contaminação cruzada de alimentos crus para cozidos, ou através de superfícies, mãos ou utensílios.

Informação, Habilidades e Atitudes Necessárias para Cozinheiros, Ajudantes e Manipuladores de Alimentos, em Geral, na Restauração Coletiva

- Compreensão do perigo da contaminação cruzada entre alimentos crus e cozidos, e da necessidade da lavagem das mãos depois de tocar alimentos crus e de uma minuciosa limpeza das superfícies dos equipamentos que estiveram em contato com os alimentos crus. Habilidade para realizar a lavagem das mãos e a limpeza das superfícies;
- Compreensão dos princípios do tratamento com calor, em relação à destruição de microrganismos, e do esfriamento rápido e armazenagem fria para a inibição do desenvolvimento microbiano;
- Compreensão da necessidade de comunicar aos seus supervisores no momento em que comecem a sentir os sintomas de diarréia, lesões infeccionadas, amigdalite, icterícia ou outros sinais ou sintomas que possam ser (ou gerar) doenças transmitidas por alimentos;

- Conhecimento (teórico e prático) dos procedimentos para uma adequada limpeza e desinfecção de utensílios e equipamentos, e para a eliminação de resíduos que possam contaminar o próximo lote de alimentos que será preparado;
- Compreensão da necessidade e dos procedimentos para a higienização e desinfeção de roupas, panos e utensílios de limpeza;
- Habilidade para aplicar procedimentos práticos e adequados para "monitorar" a inocuidade de alimentos que são preparados, cozidos ou armazenados por eles.

Capacitação e Habilitação dos Fornecedores

Às vezes não se considera uma obrigação ou tarefa que deva ser realizada pelo estabelecimento restaurador, acredita-se que cada fornecedor deva tomar as medidas e precauções necessárias para garantir a qualidade, a higiene e a inocuidade dos produtos que comercializa. Porém, uma excelente prática é que o estabelecimento restaurador eduque ou informe seus fornecedores, e em alguns casos, inclusive, que contrate alguma empresa para capacitá-los. Porém, a melhor política é selecionar cuidadosamente os fornecedores, inspecionar suas instalações com alguma periodicidade e "habilitá-los" como fornecedores habituais.

Informação para os Clientes e para os Turistas, Especialmente

É muito importante informar os clientes do estabelecimento sobre as boas práticas para manter a higiene ou a inocuidade dos alimentos. Um dos setores onde mais informação, e talvez educação, necessitam os clientes, é no uso do bufê. É necessário indicar, por exemplo, que *jamais* os talheres que foram utilizados para comer devem ser levados para a área do bufê. Alguns clientes utilizam os referidos talheres já utilizados para servir-se novamente, e inclusive às vezes os esquecem e os deixam dentro das travessas com comida que estão a disposição dos comensais. Os pratos, copos e talheres utilizados não devem ser levados à área do bufê. É preciso educar os clientes para que não façam. Também os turistas merecem atenção especial, pois não conhecem os costumes do lugar ou o tipo de alimentos servidos. No caso de haver alguma precaução especial a ser tomada é melhor alertar os clientes. Em alguns lugares certos alimentos podem veicular algumas doenças próprias desses lugares, é conveniente informar os turistas para que não os consumam ou, em todo caso, para que tomem as devidas precauções. O consumo de pescado, por exemplo, em lugares onde o alimento pode transmitir *ciguatera* (doença semelhante à icterícia), é um dos temas que requer orientação. Também, e isto é muito importante, deve-se ensinar os clientes sobre o manuseio ou a conservação de alimentos que levam para consumir nos quartos do hotel ou nos passeios ou excursões que realizam. Devem ser alertados sobre o consumo de alimentos preparados e vendidos na rua e desestimulados a fazê-lo, a menos que as autoridades do lugar exerçam com atenção e cuidado um controle para proteger estes alimentos. Em alguns lugares, o consumo de alimentos típicos "na rua" é um dos atrativos turísticos. Também é conveniente alertar os turistas sobre o consumo e certos alimentos típicos do lugar que podem ocasionar problemas de saúde, como o *ackee*, por exemplo, em alguns países do Caribe inglês, cujo consumo quando o fruto não está suficientemente maduro, pode ocasionar intoxicações ou mortes. Outro caso é o do consumo de alguns frutos do mar em certas épocas do ano ou quando se apresentam fenômenos naturais como as marés vermelhas (*red tides*), que podem transformar em muito perigosos os moluscos bivalves do lugar. Às vezes os turistas recolhem eles mesmos estes produtos, preparam-nos e consomem sem saber o grave risco que correm.

Metodologias Atuais para a Capacitação, Educação e Informação

Quando se planeja ou prepara a realização de cursos de atualização, de treinamento, ou de treinamento do pessoal da gerência, manipuladores ou ajudantes, deve-se considerar que o pessoal está formado por adultos e não por crianças. As metodologias "pedagógicas", como seu nome indica, estão orientadas ou são específicas para a capacitação de crianças ou de pessoas muito jovens, e não são as mais adequadas para a capacitação do pessoal dos estabelecimentos de restauração coletiva. No momento de iniciar a preparação das atividades de treinamento do pessoal, deve-se considerar essa realidade para que o tempo e os recursos humanos e financeiros que se utilizem nelas não se constituam em perdas lamentáveis. O horário, a duração de cada sessão, o condicionamento do ambiente, as apresentações orais, os audiovisuais, o material escrito, as aplicações práticas, as avaliações, etc., devem ser cuidadosamente selecionados para não fracassar. É muito melhor contratar os serviços profissionais de alguma empresa especializada, ou mandar os funcionários a cursos e oficinas organizados por elas, do que tentar improvisar o treinamento sem as qualificações necessárias para isso. É claro que as indicações dadas pelo pessoal supervisor, os conselhos, e os ensinamentos ou "lições" diárias, antes, durante e depois de realizadas as tarefas habituais, constituem um excelente e aconselhável costume. Os supervisores devem seguir, ou estudar o material de instrução de um programa da OMT, muito eficaz, para capacitar instrutores. A metodologia KAP (*knowledge, attitudes and practices*) também é muito aconselhável, pois se preocupa em desenvolver integralmente os conhecimentos, as atitudes e as práticas, com o pessoal do estabelecimento.

Nos países onde está organizado, no âmbito privado ou público, um sistema de certificação de conhecimentos para o pessoal dos estabelecimentos de restauração coletiva nos seus diversos níveis, é uma boa prática exigir ou recomendar que os referidos certificados, em posse do pessoal do estabelecimento, estejam devidamente atualizados.

Conscientização dos Setores Envolvidos

Todos os esforços e iniciativas são bem-vindos quando se trata de instruir, treinar ou educar proprietários, administradores, gerentes, cozinheiros e manipuladores vinculados à indústria da alimentação coletiva, especialmente a destinada aos turistas. Os governos centrais, especialmente os setores da saúde e do turismo, as autoridades provinciais e locais, as instituições educativas, em geral, os meios de comunicação de massa, as associações de defesa do consumidor, etc., todos estes estamentos devem esforçar-se para organizar e desenvolver programas ou campanhas com esta finalidade. Conseguir formar consciência em todos os setores vinculados, resultará em benefícios não somente para as empresas diretamente relacionadas, mas para todo o setor de turismo e os moradores locais. A Organização Mundial do Turismo (OMT) tem publicado um folheto com recomendações para os viajantes (ver Anexo 12).

Colaboração Mútua entre os Setores de Turismo e Saúde

É indispensável que se realizem todos os esforços para que os setores de turismo e saúde trabalhem em mútua cooperação e harmonia, para fazer possível a capacitação, a tomada de consciência e a implementação de todos os mecanismos e estratégias para melhorar a qualidade, a higiene e a inocuidade dos alimentos. Em vários países, o trabalho bem coordenado entre estes dois setores tem dado resultados muito interessantes. Da mesma forma, a cooperação entre os setores públicos e privados, uma vez superados os receios naturais e a desconfiança entre eles, oferece importantes vantagens para melhorar a oferta de alimentos por parte dos estabelecimentos.

Monitorização da Qualidade, Higiene e Inocuidade dos Alimentos: Entrevistas com os Usuários

Além de aplicar as metodologias que tendem a garantir a qualidade, a higiene e a inocuidade dos alimentos, no caso dos proprietários e administradores, ou de promover e colaborar na sua aplicação, no caso dos outros setores, é indispensável realizar uma monitoração permanente para avaliar os resultados. Uma atividade que tem dado muito bons resultados é a realização de entrevistas com os usuários, os turistas especialmente, sobre a qualidade e a higiene dos alimentos que lhes ofereceram. Pelo menos uma das grandes operadoras de turismo costuma entrevistar turistas, perguntando-lhes sobre as alterações de saúde que tenham sofrido, especialmente sobre as "diarréias subjetivas", e essa informação tem sido muito útil para os setores público e privado.

Referências Bibliográficas

BRILLAT-SAVARIN, A (1926) Fisiología del Gusto (E. Española, 1979), Barcelona: Editorial Iberia. 352 pp.

BRYAN, F.L. (1992) Hazard Analysis Critical Control Point Evaluations. Geneva: WHO. 72 pp.

CARTWRIGHT, R.Y. (1988) The epidemiology of tavellers'diarrhoea-UK studies En: Pasini, W. Health: a new branch of public health (vol I) pp 81-98.

CENTRO DE COMERCIO INTERNACIONAL UNCTAD/GATT (1991) Control de Calidad en la Industia Alimentaria. (Manual dle In roducción). Ginebra: CCI. 210 pp.

CHARLES, R.G.H. (1983) Mass catering. Copenhaguen: WHO Regional Office for Europe. (European Series Nº 15). 142 pp.

FAO/WHO Codex Alimentarius Commission (1996). Report of the Twenty-ninth Session of the Codex Committee on Food Hygiene. Alinorm 97/13 A. Rome: FAO/WHO. 46 pp.

GONZALEZ-AYALA, S. y Co1. (1993) Guidelines for the Estabilishment fo Systems for the Epidemiologial Surveillance of Food-Borne Diseases and the Invastigation of Outbreaks of Food Poisoning. Buenos Aires: FAO/WHO. 39 pp. Annexes 64 pp. (También en español).

HANDSZU, H. (1991) Food an the Quality of Tourism. Em: Food Safety and Tourism. Proceedings of the Regional Conference for Africa and the Mediterranean. Tunisia 25-27 November, 1991. Madrid. OMT. pp 11-15

HANDSZUH, H. (1992) Characteristics of travellers: food habits and tastes. Inter-American Conference on Food Protection and Tourism. Cancun Mexico, 15-17 November 1992. Proceedings. Mexico City: PAHO/WHO-FAO-WTO-Secretariat of Health/Secretariat of Tourism of Mexico. pp 127-132

HUESCAR, A. & H. HANDSZUH (1995) Hacia la Calidad de los Servicios Turísticos. En: Primer Foro sobre Calidad en Servicios Turísticos en el Mercosur. Asunción (Paraguay), 4-5 diciembre 1995. Madrid: OMT 19 pp.

INTERNATIONAL COMMISSION ON MICROBIOLOGICAL SPECIFICATIONS FOR FOODS (ICMSF) (1978) Microorganisms in Foods. I Their Significance and Methods of Enumeration (2nd ed.). Toronto: University of Toronto Press. 434 pp.

ICMSF (1980) Microbial Ecology of Foods. Volume I. Factors Affecting Life and Death of Microorganisms. New York: Academic Press. 332 pp.

ICMSF (1980) Microbial Ecology of Foods. Volume II. Food Commodities. New York: Academic Press. 333-997pp.

ICMSF (1988) Microorganisms in Foods 4. Application of the Hazard Analysis Critical Control Point (HACCP) System to Ensure Microbiological Safety and Quality. Oxford: Blackwell Scientific Publications. 357 pp.

ICMSF (1996) Micro-organism in foods 5. Microbiological Specifications of Food Pathogens. London: Blackie Academic & Professional. 513 pp.

JACOB, M (1989) Safe food handling. Geneva: WHO. 142 pp.

KOSICHI, M., R. STEFFEN, M. SCHAR (1985) "Boil it, Cook it, Peel it or Forget – Does this Rule Prevent Travellers' Diarrhoea?. International Journal of Epidemiology. vol. 14 Nº 1

LECLERC, H (1995) Microbiologie Générale. Paris: Doin eds. 279 pp.

LONGREE, K (1967) Quantity food sanitation. New York. Inter-Science Publishers.

MORTIMORE, S. & C.WALLACE (1994) HACCP A practical approach. London: Chapman & Hall. 296 pp.

MOTAARJEMI, Y., F. KAFERSTEIN, G. MOY, F. QUEVEDO (1991) The Rationale for the Education of Food Handlers. Proceedings of the Regional Conference for Africa and the Mediterranean.Tunisia 25-27 November, 1991. Madrid: OMT: pp 182-195.

OPS/ILSI (1991) Conocimientos actuales sobre nutrición (Sexta Edición) Washington, D.C.: OPS. Publicación Científica Nº 532. 614 pp.

QUEVEDO, F. (1987) Poblems and Needs in Training and Education in Food Protection in Latin America and the Caribbean. In Food Protection in the Americas. Washington, D. C.: U.S. - National Academy of Sciences. pp 250-271.

QUEVEDO, F., S. MICHANIE S. GONZALEZ-AYALA (1990) Actualización de als Enfermedades Transmitidas por Alimentos. Libro de hojas intercambiables. Buenos Aires: PAHO/WHO. 66 pp.

QUEVEDO, F., A.S. THAKUR (1990): Food Borne Diseases. Series of Scientific and Technical Monographs Nº 12/Rev. 1. Buenos Aires/Martinez: PAHO/WHO. 57 pp.

QUEVEDO, F. (1992) E1 papel de la restauración coletiva. En Libro de Trabajos Presentados. I Jornadas de Seguridad Alimentaria en la Restauración Colectiva. Santa Cruz de Tenerife: Ilustre Colegio Oficial de Veterinarios de Santa Cruz de Tenerife. 17 pp.

QUEVEDO, F., & GONZALEZ-AYALA (1992) Food-Borne Diseases: Socioeconomic Impact. Inter-American Conference of Food Protection and Tourism. Cancun, Mexico, 15-17 November, Tourism of Mexico. pp 133-166 (También en español)

QUEVEDO, F., F. KAFERSTEIN, Y. MOTARJEMI, G. MOY (1992) L'innocuité alimentaire en restauration. Em: Pour un Accueil sans Barriere d'Age en Restauration et Hotelleire. Pully, Laussane: Pro-Gastronomia/Pro-Senectute. pp 25-30

RICE, M & F. QUEVEDO (1987). Health Education and Promotion in Food Safety. Working Paper for the WHO Meeting "Health Education in Food Safety" Geneva: WHO. 120 pp.

THE EDUCATIONAL FOUNDATION OF THE NATIONAL RESTAURANT ASSOCIATION (1992) Applied Foodservice Sanitation (Fourth Edition). Chicago: Kendall/Hunt Publishing Company. 403 pp.

US PUBLIC HEATH SERVICE. FOOD AND DRUG ADMINISTRATION (1997) Food code (and Annexes). USFDA: Washington, D.C. 414 pp. Plus Model Forms, Guides and Other Aids.

US PUBLIC HEALTH SERVICE. (1997) Code of Federal Regulations CFR 21 Food and Drugs Washington, D.C.: U.S. Government Printing Office.

WORLD HEALTH ORGANTZATION (WHO) (1989) Health surveillance and management procedures for foodhandling personnel. Report of a WHO Consultation. WHO Technical Report Series Nº 785. Geneva: WHO

WORLD HEALTH ORGANIZATION (WHO) (1991) Insect and rodent control through environmental management. Geneva: WHO. 107 pp.

WORLD HEALTH ORGANIZATION (WHO) (1995) Hazard System. Critical Control Point System. Concept and Application. (Report of a WHO Consulation with the participation of FAO, 29-31 May 1995. Geneva: WHO. (WHO/FNU/FOS/95.7). 45pp.

WORLD HEALTH ORGANIZATION (WHO) (1995) Training aspects of Hazard Analysis Critical Control Point System (HACCP) (Report of a WHO Workshop on Training in HACCP with the participation of FAO, 1-2 June 1995. Geneva: WHO. (WHO/FNU/FOS/96.3). 29 pp.

WORLD TOURISM ORGANIZATION (1994) WTO Seminar on "Quality - A Challenge for Tourism" (Madrid, Spain, 18-19 April 1994). Twenty two presented papers and Conclusions.

WOTEKI, C.E., P.R.THOMAS (1992) Eat for Life. Washington, D C.: National Academy of Sciences. 179 pp.

Leituras Recomendadas

ADAMS, MR, AD. HARTLEY, LJ. COX. Factores affecting the efficacy of washing procedures used in the production of prepared salads. Food Microbiology (1989), 6, 69-77

BRYAN, F. Factors that contribute to outbreaks of foodbourne disease. J. Food Prot. 41. 816-827. 1978

BRYAN, F. Risks associated with practices, procedures and processes that lead to outrbreaks of foodborne diseases. J. Food Prot. 51: 663-673. 1988

CARTWRIGHT, R. Role of the Tour Operators in the travellers' protection within the framework of food safety. En: Food Safety and Tourism. Proceedings Regional Conference for Africa and the Mediterranean. OMT, Madrid, 1991 (pp 163-168)

CHAHED, M. Programme d'amelioration de l'hygiene hoteliere en Tunisie - Stratgie, Mise en application, evaluation. En: Food Safety and Tourism. Proceedings Regional Conference for Africa and Mediterranean. OMT, Madrid, 1991 (pp 46-52)

CONFERENCIA INTERNACIONAL SOBRE NUTRICION (ICN). Elementos principales de estrategias nutricionales. FAO/OMS, 1992 (doc. ICN/92/INF/7)

MICHANIE, SILVIA y F. QUEVEDO. Aplicación del Sistema Análisis de Peligros Potenciales e Identificación y Control de los Puntos Críticos para mehorar la calidad e inocuidad de los alimentos. Presentado en el Taller previo a la Reunión del Comité Regional del Codex Alimentarius para América Latina y el Caribe. La Habana, Cuba. Febrero 1987. En: La Alimentación Latinoamericana, N° 184, Buenos Aires, 1990 (pp 52-56)

MICHANIE, SILVIA, FL. BRYAN, NELLY MENDOZA, MAGDA MOSCOSO, D. TABOADA, O. NAVARRO, A. BRAVO and L. SANTILLAN. Hazard analysis of food prepared by inhabitants along the Amazon River. J. food Prot. 51: 293-302. 1988

MOTARJEMI YASMINE and F. KAFERSTEIN. Global estimation of foodborne diseases. Wld. hlth statist. quart., 1997, 50: 5-11

NOTERMANS, S., G. GALLHOFF, MH. ZWIETERING and GC. MEAD. Identification of critical control points in the HACCP system with a quantitative effect on the safety of food products. Food Microbiology. 1995. 12, 93-98

OMT. Tourist safety and security: practical measures for destinations. (Draft) Madrid, January 1996

QUEVEDO, F., F. KAFERSTEIN, G. MOY and YASMINE MOTARJEMI. Food Safety in the Tourism Sector. En: Food Safety and Tourism. Proceedings Regional Conference for Africa and the Mediterranean. OMT, Madrid, 1991 (pp 16-32)

QUEVEDO, F. y SILVIA GONZALEZ-AYALA. El cólera en Latinoamérica. En: Revisiones de Salud Pública. N° 4 Masson S.A. Barcelona. 1995 (pp 35-56)

RICE, MARILYN and F. QUEVEDO. Promoting safer foods in Latin America and the Caribean. Int'l Quartely of Community Health Education. Vol 8(4): 375-382, 1988

ROBERTS, D. factors contributing to outbreaks of food poisoning in England and Wales 1970-1979. J. Hyg. 89:491-498, 1982

VAN SCHOTHORST, M. Safe food without limits?. Address presented during the inauguration of the European Chair in Food Safety Microbiology at the Agricultural Univerisity of Wageningen. 1997 (23 pp)

Anexos

Anexo 1

Vitaminas

Vitaminas *L = Lipossolúvel* *H = Hidrossolúvel*	*Nome Científico*	*Efeito Biológico*	*Fenômenos de Carência*	*Encontra-se em*
Vitamina A(L)	Retinol	Crescimento ótimo, formação da púrpura retiniana.	Perturbação do crescimento, cegueira noturna. Xeroftalmia, dores de cabeça e das articulações, queda de cabelo.	Frutas e verduras de cor amarela, batata-doce, batatas; fígado de mamíferos, no bacalhau e no tubarão; leite e seus derivados, ovos e azeite de dendê.
Vitamina B1 (H)	Tiamina	Múltiplos.	Beribéri, polineurite. Insuficiência cardíaca	Fígado; mistura de cereais, levedura seca, farelo de arroz, gérmen de trigo.
Vitamina B2 (H)	Riboflavina	Múltiplos.	Inflamação de mucosas. Anemias, lesões no rosto. Dermatite na região vulvar e escrotal. Proliferação capilar da conjuntiva.	Alimentos de origem animal, fígado, leite, peixe, ovo e cereais integrais, legumes frescos.
Vitamina B6 (H)	Piridoxina	Múltiplos.	Alterações do SNC. Tremores. Lesões da pele, seborréia ao redor da boca, olhos e nariz.	Fígado, trigo, levedura seca.
Vitamina B12 (H)	Cianocobalamina	Hematopoiese.	Anemia perniciosa. Deficiência do sistema nervoso. Distúrbios menstruais. Deterioração mental, paralisia.	Fígado de vaca, fígado de carneiro, coração de vaca; peixe, sardinha em lata.

►

Vitaminas L = Lipossolúvel H = Hidrossolúvel	*Nome Científico*	*Efeito Biológico*	*Fenômenos de Carência*	*Encontra-se em*
Vitamina C (H)	Ácido ascórbico	Síntese de colágeno, absorção de ferro.	Síntese do colágeno, absorção de ferro. Escorbuto. Tendência a infecções. Irritabilidade. Dificulta a cicatrização.	Verduras de folha verde, cenoura, tomates, batatas assadas, frutas cítricas (limão, laranja, papaia, abacaxi, tumbo, maracujá, caçari [camu-camu]).
Vitamina C (L)	Calciferol	Absorção de cálcio.	Raquitismo. Dores de cabeça e das articulações, fraqueza muscular.	Óleo de fígado de bacalhau, gordura de sardinha, salmão; gema de ovo, leite, manteiga, óleo de fígado de peixe hipoglosso.
Vitamina D2 (L)	Ergocalciferol	Absorção de raios solares.	Não se efetua o endurecimento dos ossos.	Óleo de fígado de bacalhau, leite, manteiga, margarinas, leite em pó, leite fresco.
Vitamina D3 (L)	Colecalciferol	Formação de ossos.	Amolecimento dos ossos (extremidades, costelas, sacro, etc.).	Óleo de fígado de bacalhau, de hipoglosso, de tubarão, gordura de sardinha, salmão, gema de ovo, leite, manteiga.
Vitamina E (L)	Tocoferol	Proteção diante da oxidação de ácidos graxos insaturados. Estabilização das membranas.	Anemia hemolítica em recém- nascidos. Abortos. Transtornos circulatórios, sistema nervoso, encefalomalacia.	Óleos vegetais (sementes de algodão, gérmen de trigo, óleo de dendê, semente de soja), cereais, verduras, manteiga de leite.
Vitamina K (L)	Naftaquinona	Síntese dos fatores de coagulação do sangue.	Hemorragias.	Verduras, fígado, tubérculos, leite de vaca possui 3 vezes mais que o leite materno.
Ácido Nicotínico (H)	Niacina	Grupo ativo das principais coenzimas transportadoras de hidrogênio.	Pelagra, dermatite (mãos, dorso do pé, testa, costas, etc.) Glossite (língua escura e enrugada). Irritabilidade, perda da memória.	Fígado, carne magra, levedura, peixe, legumes, café instantâneo.
Ácido Pantotênico	Pantenol	Metabolismo de carboidratos, lipídios, acetilações e proteínas.	Transtornos intestinais, insônia, irritabilidade, anemia, baixa de colesterol.	Fígado, ovos, levedura, geléia real, gérmen de trigo, cereais intrínsecos, legumes, carnes, peixe. As verduras, frutas e cereais de alta extração contêm poucas quantidades.

►

Vitaminas L = Lipossolúvel H = Hidrossolúvel	Nome Científico	Efeito Biológico	Fenômenos de Carência	Encontra-se em
Vitamina H (H)	Biotina	Metabolismo intermédio relacionado com reações de carboxilação, capta ácido carbônico, faz parte de fermentações: síntese microbiana de gorduras ou a fermentação cítrica.	Transtornos da pele, dores musculares, ligeira anemia, diarréias. Depressão intensa, insônia.	Fígado, gema de ovo, tomate, atum, salmão, sardinhas, cevada, trigo, soja, levedura de cerveja seca.
Ácido Fólico (H)	Folacina ou Ác. pteroilglutâmico	Transferência de unidades de carbono, metabolismo do grupo formil, hidroximetil; síntese da colina, tirosina, pirimidinas; aumenta o apetite e estimula a produção de ácido clorídrico.	Anemia megaloblástica. Distúrbios gastrointestinais, embranquecimento dos cabelos. Malformações congênitas.	Verdura de folhas verdes: espinafre, beterraba, aspargos. Fígado de vaca, fígado de porco; amêndoas e legumes secos.
Ácido Lipóico (H)	Tióctico	Descarboxilação oxidativa, reação produtora do ciclo cítrico. Age como enzima no metabolismo dos glicídios, intervém na transformação e transporte de energia.	Transtornos intestinais, irritabilidade, insônia.	Levedura e fígado.
Vitamina F (L)	Ácido linoléico/Ácido linolênico/ Ácido araquidônico	Absorção intestinal dos alimentos e dos metabolismos celulares, mas não intervém no plano energético. Intervém também na proteção dos vasos sanguíneos. Assimilação de cálcio e fósforo.	Dermatoses: seborréia, acne, rachaduras na pele, prurido anal, má nutrição da pele, arteriosclerose; trombose coronária. Transtornos hepáticos e nervosos.	Leite e derivados, ovos e frutos oleaginosos: óleo de soja, de girassol, de milho. Gérmen de trigo, de oliva, sementes de linho.
Vitamina B4 (L)	Adenina	Equilíbrio dos glóbulos brancos, metabolismo dos glicídios.	Agranulocitose. Neurite, polineurite, dores reumáticas.	Levedura, carne.
Vitamina B7	Inositol ou Vitamina I	Fixação sobre lipídios, assimilação e desassimilação de gorduras. Peristaltismo intestinal.	Perda de cabelo, degeneração gordurosa do fígado. Aterosclerose, eczema, constipação.	Fígado, levedura alimentícia, gérmen de trigo, pêssegos, laranja, toranja, amendoim, ervilhas, uvas, uvas passa, couves.

►

Vitaminas *L = Lipossolúvel* *H = Hidrossolúvel*	*Nome Científico*	*Efeito Biológico*	*Fenômenos de Carência*	*Encontra-se em*
Vitamina H2 (L)	Ácido para-amino-benzóico/Vitamina Bx (PABA)	Efeito sobre a flora bacteriana, assimilação do ácido pantotênico, imunidade a agressões microbianas.	Embranquecimento do cabelo e falta de proteção da pele (insolação). Desordens gastrointestinais. Irritabilidade e depressão. Constipação.	Fígado, rins, leite; pericarpo de sementes, frutas, levedura de cerveja, ovo, gérmen de trigo, melaço.
Vitamina J	Colina	Previne o endurecimento e o depósito de gorduras no nível das artérias. Excita o sistema nervoso parassimpático, estimulante do peristaltismo intestinal, impede a acumulação de gorduras no fígado.	Doenças cardíacas, insuficiência hepática. Cirrose hepática, úlcera gástrica sangrante e alteração da função renal, hipertensão, níveis sangüíneos elevados de colesterol e arterioesclerose e aterosclerose.	Fígado, rins, miolos, gérmen de trigo, levedura de cerveja e gema de ovo.
Vitamina U (L)	Vitamina antiulcerosa	Protetor das mucosas digestivas.	Úlcera gástrica.	Couves, alface, aipo, salsa, cenoura, tomate.
Vitamina C2	Citrina	Equilíbrio e reforço da permeabilidade capilar (nutrição celular).	Febre reumática, controla os abortos, fragilidade capilar.	Em alimentos que possuem vitamina C, pimentões verdes, uva, ameixa, groselha, damasco, cerejas, amoras, agrião, pêssegos.
Vitamina PP	Vitamina P/ Vit. B3, ac. nicotínico, niacina, nicotinamida, niacinamida	Evita a pelagra; ácido aminado que exerceria uma ação tônica sobre o coração e contribuiria para equilibrar o potencial energético do organismo. Utilização de matérias graxas. Comporta-se como excitante da motilidade gástrica e das secreções digestivas, regulador do sistema nervoso; coadjuvante no tratamento de anemias, diminui a taquicardia.	Alterações da pele (eritema pelagroso), lesões da mucosa da boca, língua, estômago e dos intestinos, alterações de origem nervosa (insônia, fadiga, vertigens e dores de cabeça); depressões nervosas e estados demenciais; em idosos, demência senil.	Farelo de arroz, levedura seca, amendoim torrado, fígado de bovinos, porco, frango, lebre, vitela e atum em conserva.
Vitaminas B10 e B11	Ac. folínico	Intervém como coenzima nas reações de transferência de grupos formilo, metilo e hidroximetilo.	Perturbações na hemopoiese e digestivas, anemia macrocítica, diarréia, lesões intestinais.	Fígado de porco, de vaca; espinafre, pepino e aspargos.

►

Vitaminas L = Lipossolúvel H = Hidrossolúvel	*Nome Científico*	*Efeito Biológico*	*Fenômenos de Carência*	*Encontra-se em*
Vitamina B15	Ácido pangâmico	Ação antianóxica nas reações de transmetilação. Estimulante de glândulas e sistema nervoso, reduz ou elimina a hipoxia.	Hipoxia, envelhecimento precoce, asma, fadiga, enfisema, glaucoma, palpitações cardíacas, angina.	Fígado, levedura de cerveja, gérmens de cereais; sementes, farelo de arroz.
Vitamina B13	Ác. orótico	Síntese dos nucleotídeos e possui ação protetora sobre o fígado. Síntese com algumas vitaminas do complexo B, intervém na restauração de células.	Esclerose, desordens no ciclo da uréia.	Gérmen de trigo, fígado de vaca, porco, frango, levedura seca.
Vitamina K1 (L) e K2 (L)	Filoquinona ou Fitonadiona	Menor atividade biológica que vitamina K1, sintetizada por bactérias no trato gastrointestinal. Agente protrombinogênico.	Hipoprotrombinemia, diminuição da coagulação sangüínea, com hemorragias, às vezes se produz como conseqüência de uma má absorção da vitamina a partir do trato gastrointestinal ou por alterações hepáticas que a determinam.	Alfafa, alguns melaços. Peixe em decomposição, óleo de fígado de peixe.
Vitamina K3 (L)	Menadiona		Utilização escassa.	Alfafa, óleo de fígado de peixe, melaço.
Vitamina P (H)	Bioflavonóide	Grupo de flavonas coloridas que se encontram em numerosas frutas e que são essenciais para a absorção e o metabolismo do acido ascórbico.	Tendência hemorrágica com fácil formação de hematomas.	Limões, uvas, toranjas, ameixas pretas, damasco.

Anexo 2

Características Normais dos Alimentos Durante Sua Aquisição

Os ministérios ou secretarias de saúde, de agricultura, ou da indústria de muitos países, os organismos internacionais relacionados com alimentos como FAO, a OIE (Bureau Internacional de Epizootias), a OMS, assim como as principais associações de restauradores de diferentes países, têm-se preocupado por definir ou legislar sobre as características "normais" ou de boa qualidade que devem possuir os diversos tipos de alimentos quando chegam ao estabelecimento expedidor, processador ou dedicado à sua preparação como é o caso dos estabelecimentos de alimentação coletiva. Por isso, são amplamente conhecidas as características ou sinais de uma matéria-prima de boa qualidade, as de má qualidade e as características de uma matéria prima em processo de alteração. Os sinais da má qualidade são apreciados pelas variações que produzem nos parâmetros *Tangíveis* que foram expostos no Capítulo 6.

Características de Boa e Má Qualidade em Carnes e Peixes

Tipo de Carne	*Boa Qualidade (Observar)*	*Má Qualidade (Alteração)*
Bovina em canal ou quartos	Boa formação, higiene, selos de inspeção, distribuição da gordura. Temperatura ao chegar.	Superfície seca ou manchada, muito magra (caquética), má conformação, sem selos, a temperaturas elevadas. Rejeitar as carnes febris, fatigadas, sanguinolentas, repugnantes (pela cor, pelo odor, com fungos, apodrecidas, sujas, com larvas de insetos).
Bovina em cortes	Vermelho escuro, gordura firme e amarela. Massa muscular firme resistente à pressão. Odor suave. Temperatura.	Cor marrom, gordura avermelhada, sem rigidez, consistência mole. Cor rosada. Odor desagradável.
Bovina moída	Cor vermelha uniforme, pouca gordura, sem restos de ossos ou aponeurose. Temperatura.	Cor marrom ou muito escura. Excesso de gordura. Temperatura elevada.
Vitela em cortes	Rosado. Gordura branco-amarelada uniforme.	Cores ou odores anormais. Temperatura elevada.
Ovina	Rosado claro, gordura muito branca, firme e distribuída irregularmente. Temperatura.	Cores diferentes, mau odor. Sujeira. Gordura colorida. Muito mole.
Caprina	Vermelho vivo, consistência dura.	Odores ou cores anormais.
Suína	Carne rosada. Gordura branca e firme. Inspecionada oficialmente. Temperatura.	Escura, gordura rançosa. Odor ácido.
Embutidos de carne	Exame de tripa, de massa. Cor e odor normais.	Sujeira, odores desagradáveis. Cores anormais. Excesso de fungos.
Aves (frangos, patos, perus, etc.)	Carne rosada (firme), rigidez muscular e gordura firme, temperatura ao chegar.	Ruptura ou cortes no trato intestinal ou da vesícula biliar, asas e/ou ossos quebrados, hemorragia em tecidos, vísceras que parecem cozidas e pálidas.
Peixes	Pele brilhante, ligeiramente úmida, lisa, muito limpa, coloração própria de cada espécie. Escamas bem aderidas e brilhantes. Esfíncter anal fechado. Brânquias ou guelras rosadas e brilhantes. Olhos brilhantes, consistência elástica, córnea clara e transparente, preenchem a cavidade orbital, íris avermelhada ou vermelha amarelada, cristalino transparente. Consistência firme, dura, resistente à pressão do dedo, não deve ficar a marca do dedo. Barbatanas firmes. Odor suave, não desagradável.	Olhos fundos, pupila embranquecida, mucilagem amarelada, guelras de cor parda escura recoberta com muco bacteriano, vermelhidão ao longo da espinha dorsal, sangue renal de cor marrom e paredes abdominais um pouco coloridas, odor pútrido desagradável, amoníaco.

Características de Boa e Má Qualidade em Frutas Frescas

Tipo de Frutas	*Boa Qualidade (Observar)*	*Má Qualidade (Alteração)*
Abacate	Firmeza. Cor verde uniforme.	Excessivamente mole. Manchas escuras. Machucados.
Abacaxi	Firmeza. Casca sem alterações.	Partes muito moles. Machucados. Fungos.
Banana	Firmeza. Cor uniforme.	Manchas escuras, partes moles, cores anormais.
Cereja	Cor muito escura; com seu pedúnculo (cabo).	Pedúnculos secos ou ausentes; amolecimento, fungos.
Grapefruit (toranjas)	Pesados em relação ao seu tamanho.	Áreas moles, descolorações, fungos.
Laranjas	Firmeza. Pouco pesadas. Cor amarela uniforme e brilhante.	Casca seca, esponjosa, fungos azul-esverdeados (*Penicillium italicum*).
Limões	Cor verde ou amarela uniforme. Firmeza.	Descoloração ou cor sem brilho. Machucados nas casca. Fungos.
Limas	Firmeza. Cor amarela.	Marcas de machucados ou manchas.
Maçãs	Firmes, crocantes, cor brilhante.	Machucados, partes muito moles.
Mangas	Firmeza. Cor brilhante.	Áreas moles, machucados, pele muito seca.
Melões	Sem pedúnculo, firmes.	Fungos, machucados na superfície, cor amarela brilhante.
Morangos	Cor vermelho intensa; com seu pedúnculo e seu "chapeuzinho".	Descolorações; crescimento de fungos.
Pêssegos	Cor uniforme, brilhantes.	Descolorações, machucados na superfície.
Pêras	Firmeza.	Manchas escuras, pele opaca ou enrugada.
Uvas	Cor brilhante. Firmemente presas ao cacho.	Cacho seco, faltam uvas ou estão alteradas no cacho.

Anexo 3

Armazenagem dos Alimentos em Frio (Tempo de Vida)

Alimento	*Temperaturas Recomendadas °C/°F*	*Período Máximo de Armazenagem*	*Observações*
Carnes			
Cortes	0-3/32-37,4	3-5 dias	Bem embrulhada.
Carne moída	0-3/32-37,4	1-2 dias	Bem embrulhada.
Presunto em pedaço ou fatiado	0-3-32-37,4	3-5 dias	Embalagem mais hermética.
Salsicha tipo Viena (*hot dogs*)	0-3/32-37,4	1 semana	Na sua embalagem original.
Bacon	0-3/32-37,4	1 semana	Embalagem.
Frios ou embutidos de carne	0-3/32-37,4	3-5 dias	Embalagem.
Molhos ou caldos	0-3/32-37,4	1-2 dias	Alteram-se rapidamente.
Carne de aves			
Frango, pato ou peru inteiros	0-3/32-37,4	1-2 dias	Bem embalados.
Miúdos	0-3/32-37,4	1-2 dias	Embalar separadamente da carne.
Recheio	0-3/32-37,4	1-2 dias	Embalagem tampada separada da ave.
Pescados e mariscos			
Peixe fresco	–1,1 a 2/30-35,6	1-2 dias	Bem embalado.
Peixe refrigerado com gelo	0/32	3 dias	
Mariscos	–1,1-2/30-35,6	1-2 dias	Em embalagem com tampa.
Produtos lácteos			
Leite fluido	0-4/32-39,2	5-7 dias (ver etiquetas)	Conservar na embalagem original.

Alimento	*Temperaturas Recomendadas °C/°F*	*Período Máximo de Armazenagem*	*Observações*
Produtos lácteos			
Leite evaporado	10-21/50-70	1 ano sem abrir	Refrigerar depois de abrir.
Leite em pó	10-20/50-68	1 ano sem abrir	Refrigerar depois de abrir.
Leite reconstituído	3,3-4/38-39,2	1 semana	Considerá-lo como leite fluido.
Queijos duros	3,3-4,4/37,4-40	6 meses	Embalar bem para evitar perda de umidade.
Queijos moles			
Cottage	3-5/37,4-41	3 dias	
Outros	3-5/37,4-41	7 dias	
Manteiga	3-5/37,4-41	2 semanas	Fechar o mais hermeticamente possível.
Creme de leite	3-5/32-37,4		Embalagem bem fechada.
Ovos			
Inteiro	4,4/40	1 semana	Não lavar. Retirar das embalagens.
Gemas/claras separadas	4,4-7,2/40-45	2 dias	Cobrir gemas com água.
Ovos desidratados	4,4-7,2/40-45	1 ano	Guardar em embalagem hermética.
Pratos cozidos com carne, ovos, peixe, frango	0-3/32-37,74	Não mais de 24 horas	Alteram-se facilmente.
Frutas			
Cereja	5-7/41-45	1 mês	
Cítricos	5-7/41-45	1 mês	
Maçãs	5-7/41-45	2 semanas	A temperatura ambiente até que madurem.
Abacates	5-7/41-45	3-5 dias	Idem.
Pêras	5-7/41-45	3-5 dias	Idem.
Abacaxi	5-7/41-45	3-5 dias	Refrigerar depois de cortado.
Uvas	5-7/41-45	3-5 dias	Temperatura ambiente até que madurem.
Vegetais			
Cebolas/Batata-doce	15,6/60 (temperatura ambiente)	30 dias	Recipientes com ventilação (cebolas). Embalagens ventiladas. Considerar a umidade das câmaras de refrigeração.
Batatas	7,2-10/45-50	Máximo 5 dias para a maioria; 2 semanas para as cenouras, couve.	
Todos os outros vegetais	5-7/41-45	1-2 semanas	

Anexo 4

Armazenagem dos Alimentos em Lugares Secos e à Temperatura Ambiente

Alimento	*Período Máximo de Armazenagem Recomendado (se não se Abrir a Embalagem Original)*
Óleo	6 a 9 meses
Amido de milho	2 a 3 anos
Arroz parboilizado	9 a 12 meses
Açúcar	Indefinido
Açúcar Mascavo	É melhor refrigerar
Bebidas com gás	Indefinido
Café moído, no vácuo	7 a 12 meses
Café moído, sem vácuo	2 semanas
Café instantâneo	8 a 12 meses
Cereais (em grão)	8 meses
Cereais prontos para consumir	6 meses
Conservas de frutas (em geral)	1 ano
Conservas de frutas ácidas	6 a 12 meses
Conservas de carne	1 ano
Conservas de pescado	1 ano
Conservas de vegetais (em geral)	1 ano
Conservas de vegetais ácidos (ex. tomates)	7 a 12 meses
Creme em pó	4 meses
Especiarias e plantas aromáticas secas	De 2 anos a indefinido
Macarrão e massas secas, em geral	3 meses
Frutas secas	6 a 8 meses
Bolachas	1 a 6 meses
Farinhas	9 a 12 meses
Xaropes, mel	1 ano

►

Alimento	*Período Máximo de Armazenagem Recomendado (se não se Abrir a Embalagem Original)*
Leite em pó	9 meses
Leite condensado	1 ano
Leite evaporado	1 ano
Manteiga vegetal para cozinhar	2 a 4 meses
Maionese (industrial)	2 meses
Legumes secos	1 a 2 anos
Mostarda preparada	2 a 6 meses
Sal comum	Indefinido
Folhas de chá e similares	12 a 18 meses
Chá instantâneo	8 a 12 meses

Anexo 5

Valores Aproximados de pH em Alimentos Frescos

Alimentos	*Categoria pH*
CARNES	
Carne e frango	5,6 - 6,4
(excepcionalmente)	6,4 - 6,8
PRODUTOS MARINHOS	
Crustáceos	6,8 - 7,0
Moluscos	4,8 - 6,3
Pescado	6,6 - 6,8
PRODUTOS LÁCTEOS	
Leite	6,3 - 6,5
Manteiga	6,1 - 6,4
PRODUTOS VEGETAIS	
Frutas	
Ameixas	2,8 - 4,6
Maçã	2,9 - 3,3
Laranja	3,6 - 4,3
Banana	4,5 - 4,7
Legumes secos	
Grãos (secos e verdes)	4,6 - 4,6
Feijão branco	5,4 - 6,5
Soja	6,0 - 6,6
Cereais doces	7,3
Espinafre	5,5 - 5,6
Batatas	5,6 - 6,2

Anexo 6

Combinações Tempo/Temperatura

para assegurar a destruição de microrganismos patogênicos durante a cocção nos principais alimentos

Alimento	*Temperatura Mínima Interna (Tmi)*[2]	*Tempo Mínimo de Duração à Tmi*[3]	*Observações*
Aves (frangos, patos, perus, etc.)	74°C/165°F	15 segundos	
Recheio para aves, empadas, carnes	74°C/165°F	15 segundos	
Carne de porco, salsichas, *bacon*	68°C/155°F	15 segundos	
Carne de porco, salsicha, *bacon* em forno de microondas	76,6°C/170°F	15 segundos	Manter durante dois minutos antes de retirá-los do forno.
Pescados	63°C/145°F	15 segundos	
Carne de vaca, coelho, carneiro	63°C/145°F	15 segundos	Se for possível, aumentar o tempo ou a temperatura.
Carne ou peixe moídos	68°C/155°F	15 segundos	Aconselhável 74°C/165°F.
Todos os alimentos que não tenham sido consumidos imediatamente, que estiveram refrigerados, requentar a	74°C/165°F	15 segundos	O tempo máximo para alcançar a Tmi é de 2 horas.
Todos os outros alimentos cozidos em forno de microondas	74°C/165°F	15 segundos	Manter por dois minutos antes de retirá-los do forno.

Anexo 7

Características dos Equipamentos na Alimentação Coletiva (NSF International, Ann Arbor, Mi, EUA)

- Todas as partes dos equipamentos que entram em contato com os alimentos não devem ser de material tóxico nem devem transmitir cores, odores ou sabores diferentes. Os materiais usados devem ser resistentes à corrosão, não-absorventes e não devem reagir com os alimentos ou com os produtos de limpeza utilizados;
- Os equipamentos devem ser fáceis de limpar, isto é, devem permitir que as partes que entrarão em contato possam ser alcançadas com os procedimentos usuais de limpeza;
- Os ângulos e cantos interiores que possam estar em contato com os alimentos devem ser arredondados, mas não se deve utilizar nem cola nem massas de moldar para consegui-lo; os ângulos e cantos externos não devem oferecer riscos e estarão selados;
- Todas as superfícies que entram em contato com alimentos ou que podem ser alcançadas por respingos devem estar livres de fendas rachaduras, sinuosidades, cabeças de parafusos ou pregos, arrebites, etc;

- Os materiais para cobrir, especialmente as partes que entram em contato com os alimentos, não devem ser tóxicos, devem ser resistentes e não rasgar facilmente, e devem ser fáceis de limpar;
- Todos os restos dos alimentos e líquidos que possam ficar no equipamento devem ser facilmente eliminados sem ter que desmontá-lo e sem ter que usar ferramentas especiais.

Agradecemos à NSF International a autorização para mencionar suas recomendações.

Anexo 8

Comparação dos Desinfetantes mais Utilizados na Restauração Coletiva

Propriedades	*Vapor de Água*	*Cloro*	*Iodóforo*	*Amoníaco Quaternário*
Efetivo contra *Gram-positivos* (clostrídios, bacilos lácticos, estafilos)	O melhor	Bom	Bom	Bom
Gram-negativos (salmonelas, coliformes, *E. coli*, psicotróficas	O melhor	Bom	Bom	
Esporos	Bom	Bom	Fraco	Aceitável
Vírus	O melhor	Bom	Bom	Ativos contra grupo A Não contra grupo B
Concentração mínima (imersão ou aerossol)	n/a	50ppm	12.5ppm	200ppm (ppm = partes por milhão)
Temperatura da solução	n/a	23,9 – 66.0°C	23.9 – 48,9°C (Se for superior a 48,9 o iodo é eliminado)	23,9°C
Tempo de ação (imersão)		1 minuto	1 minuto	(alguns produtos requerem mais tempo)

►

Propriedades	*Vapor de Água*	*Cloro*	*Iodóforo*	*Amoníaco Quaternário*
Efetividade e pH*	Indiferente	Deve ser <10,0	Deve ser >5,5	Melhor a pH neutro 7,0
Afetado por matéria orgânica	Não	Rapidamente inativado	Parcialmente	Não facilmente
Corrosivo	Não	Sim	Ligeiramente	Não
Afetado por água dura	Não	Não	Um pouco	Depende do produto
Irrita a pele	Sim	Sim	Sim, algumas pessoas	Não
Incompatível com:	Materiais sensíveis às altas temperaturas	Aminas, fenóis, metais brandos	Amido, objetos de prata	Umectantes aniônicos, sabonetes, celulose
Estabilidade da solução utilizada		Dissipa-se rapidamente	Dissipa-se lentamente	Estável
Deixa resíduos ativos	Não	Não	Sim	Sim
Nível máximo permitido (sem enxaguar)	Sem limite	200ppm	25ppm	200ppm
Custo	Caro	O mais barato	Barato	Caro

* Lembrar que os resíduos de detergentes aumentam o pH para o alcalino, enxaguar bem depois de lavar. É aconselhável controlar com papel indicador.

Anexo 9

Características das ETA Mais Importantes

I. Doenças Bacterianas

Doença e Agente Causador	*Período de Incubação. Sinais e Sintomas. Duração da Doença. Seqüelas e Complicações*	*Fontes e Reservatórios*	*Alimentos Envolvidos na sua Transmissão*	*Medidas de Controle*
Gastroenterite por Aeromonas hydrophila (infecção).	24-48h. Diarréias, febre baixa, dores abdominais, vômitos, calafrios. Sintomas duram 1-7 dias ou algumas semanas; mais fortemente em crianças.	Ambientes aquáticos, vegetais e outros alimentos.	Água. Carne e aves pouco cozidas, leite, vegetais, mariscos.	Adequada cocção dos alimentos. Evitar armazenagem prolongada em refrigeração. Hipoclorito de sódio a 5ppm os destrói em um minuto.
Gastroenterite por *Bacillus cereus* (intoxicação ou toxi-infecção).	Tipo diarréico: 8-24h.; tipo emético (vômitos): 1-6h. Tipo D: diarréias, náuseas, dor abdominal, duração 24h. Tipo E: náuseas, vômitos, dores, às vezes diarréia, duração 12-24h.	Ampla distribuição na natureza, principalmente nos solos, cultivos de cereais, vegetais, pêlos de animais.	Em todos os surtos bem estudados, tem-se informado abuso de tempo e temperatura. Cereais, especialmente arroz cozido ou frito. Alimentos amiláceos, geralmente, produtos lácteos, vegetais.	Um adequado e efetivo controle da temperatura de armazenagem dos alimentos, manter refrigerados ou a temperaturas superiores a 60°C. É melhor ingerir os alimentos quentes imediatamente após a sua preparação. Lembrar que a cocção a temperaturas inferiores a 100°C pode deixar esporos vivos.

►

Doença e Agente Causador	*Período de Incubação. Sinais e Sintomas. Duração da Doença. Seqüelas e Complicações*	*Fontes e Reservatórios*	*Alimentos Envolvidos na sua Transmissão*	*Medidas de Controle*
Brucelose (febre de Malta) *Brucella abortus*, *B. melitensis*, *B. suis*, possivelmente outras espécies de *Brucella* (infecção).	Febre intermitente ou irregular, sudorese, dor de cabeça, perda do apetite, fadiga. Complicações secundárias podem afetar as articulações, o coração, o sistema nervoso.	Vacas, cabras e ovelhas.	Queijos frescos, principalmente os de cabra. Leite cru ou seus derivados como creme, manteiga.	Tratamento térmico do leite antes de ser consumido ou de preparar derivados. Evitar o consumo de leite cru ou dos seus derivados. Evitar contato com animais infectados
Campilobacteríase/ Campyloácea. *Campylobacter jejuni, C. coli hydrophila* (infecção). **Nota:** É uma das ETA mais freqüentes nos países industrialmente desenvolvidos. Também é uma das principais causas de diarréias do viajante.	Período de incubação: 2-7 dias. Dose infectante muito baixa, às vezes somente 500 células. Dor abdominal, febre e diarréia; a diarréia pode ser profusa, aquosa, às vezes vômitos. Sangue, muco e leucócitos podem estar presentes nas fezes. A bactéria pode ser excretada durante semanas. Seqüelas incluem artrite reativa, meningite, pancreatite.	Trato intestinal de animais domésticos, gado, frangos. Água contaminada, em rios, banhados, mar costeiro.	Leite ou frango mal cozidos. Hambúrgueres mal cozidos.	Adequado tratamento térmico do leite. Correta cocção do frango e de outras carnes. Lavagem demorada de alfaces e outros componentes de saladas.
Botulismo. Neurotoxinas de *Clostridium botulinum* tipos A, B, E e F (Intoxicação; toxiinfecção em crianças) **Nota:** São as toxinas conhecidas mais poderosas. Os tipos A e B podem causar botulismo se contaminam as feridas.	Os primeiros sintomas aparecem, geralmente, entre 12-36 horas depois da ingestão do alimento com a toxina, mas podem aparecer poucas horas depois ou demorar vários dias. Debilidade, fadiga, vertigens, seguidos por visão dupla ou embaçada, dificuldade para falar e deglutir. Se observa debilidade do diafragma e dos músculos respiratórios. A morte acontece por falha respiratória. No tipo E as náuseas e vômitos acontecem no início; este tipo apresenta baixa mortalidade.	Solo, trato intestinal de pássaros, animais, insetos, peixes. Sedimentos em lagos, em águas costeiras.	Conservas caseiras, embutidos de carne, queijos fundidos, alho em óleo, produtos da carne e pesca, saladas preparadas com batatas ao forno, etc.	A toxina botulínica e destruída pela ebulição. As conservas caseiras devem ser fervidas, mexendo, durante 10 ou 15 minutos. Refrigerar bem os alimentos processadas e embalados a vácuo. Usar corretamente os nitritos quando se preparam os embutidos ou os derivados de carne suína. Não se deve permitir que as crianças muito pequenas consumam mel de abelhas.

Doença e Agente Causador	*Período de Incubação. Sinais e Sintomas. Duração da Doença. Seqüelas e Complicações*	*Fontes e Reservatórios*	*Alimentos Envolvidos na sua Transmissão*	*Medidas de Controle*
Enterite por *Clostridium perfringens* (Toxi-infecção). Usualmente se apresenta o tipo A. O tipo C é mais raro, provoca a enterite necrosante.	Os sintomas, dor abdominal, náusea e diarréia aguda, aparecem depois de 8-24h. da ingestão do alimento contaminado com grande número das bactérias. A doença normalmente é de curta duração, a recuperação total ocorre entre 24-48h.	Piso, pó, vegetação, flora intestinal normal de humanos e animais, esgotos.	Carnes cozidas em pedaços grandes, mantidas depois da cocção a temperatura ambiente, seguido de longos períodos de refrigeração. Perus recheados. Empanadas de carne. Molho para carnes. Peixes e vegetais.	As grandes peças de carne, aves, molhos etc. devem ser mantidas no máximo de 2-3h depois da cocção, depois refrigerar adequadamente (menos de 10°C). A legislação dos EUA ordena que a temperatura interna não deve permanecer entre os 54,4°C (130°F) e os 26,7°C (80°F) por mais de uma hora e meia, se um pedaço grande de músculo intacto é cozido o esfriamento deve realizar-se como máximo até 90 minutos depois da cocção, etc. Requentar muito bem – 74°C – estes produtos antes do seu consumo. Se não há refrigeradores de tamanho adequado, é melhor cozinhar as quantidades que possam ser consumidas imediatamente
Doença diarréica por *Escherichia coli* (Infecção). Vários tipos de *E. coli*: enteropatogênico (EPEC); enterotoxigênico (ETEC); enteroinvasivo (EIEC); enteroemorrágica (EHEC), também chamado verotoxigênico (VTEC). **Nota:** Vários dos integrantes deste	EPEC: p. inc. 17-72h (média 36h); duração 6h 3d (média 24h). Sintomas: diarréia, náusea, dor abdominal, vômitos, cefaléias, febre, calafrios; a diarréia é aquosa com grande quantidade de muco, mas sem sangue. ETEC: p. inc. 8-44h (média 26h);	Os intestinos do homem são reservatórios para EPEC, ETEC, EIEC; o gado bovino é o principal reservatório do EHEC.	EPEC, ETEC, EIEC: Alimentos, especialmente vegetais, e água contaminados com matérias fecais. ETEC é uma das maiores causadoras da diarréia do viajante. EHEC: carne bovina insuficientemente cozida, especialmente o hambúrguer, carne	Treinamento e educação dos manipuladores de alimentos que podem ser portadores assintomáticos destas bactérias. Evitar contaminação dos alimentos com esgotos, matérias fecais. Eliminar todas as possibilidades de contaminação cruzada. Refrigeração adequada

Doença e Agente Causador	*Período de Incubação. Sinais e Sintomas. Duração da Doença. Seqüelas e Complicações*	*Fontes e Reservatórios*	*Alimentos Envolvidos na sua Transmissão*	*Medidas de Controle*
grupo de bactérias são responsáveis por produzir a chamada "diarréia dos viajantes" ou "turista", também conhecida como "vingança de Moctezuma", etc.	duração 3-19d. Diarréia, febre não muito alta, espasmos abdominais, mal-estar geral, náuseas, nos casos mais graves é semelhante ao cólera, com forte diarréia como "água de arroz" que leva à desidratação. EIEC: p. inc. 8-24h (11h); duração dias a semanas. Diarréia profusa ou disenteria, calafrios, febre, cefaléia, dores musculares, espasmos abdominais, fezes às vezes com muco e sangue. EHEC: 8-24h (4d); 2-9d. Colite hemorrágica, diarréia sanguinolenta, fortes dores abdominais, vômitos, sem febre. Síndrome hemolítico urêmico (HUS): pródomo (mal-estar prévio) de diarréia sanguinolenta, nefropatia aguda, ataques, coma, morte. Seqüela: púrpura trombocitopénica trombótica, similar ao HUS mas com febre e desordens do sistema nervoso central.		de porco ou de frango mal cozidas, leite mal fervido ou mal pasteurizado, vegetais.	dos alimentos; cocção e reaquecimento a 74°C, como mínimo pelo tempo adequado. Especialmente no caso da EHEC, as carnes se devem refrigerar rapidamente a temperaturas inferiores a 7°C depois do abate e do arejado.
Listeriose *Listeria monocytogenes* (infecção).	Período de incubação de poucos dias a varias semanas, e o mesmo acontece com a duração da doença. Os sintomas em casos perinatais são semelhantes aos do resfriado, gastro-	Vegetais em decomposição, ensilados, água, solo, esgotos, carnes cruas, frango cru, fezes de diversas espécies animais. Devido à sua habilidade para de-	Leite cru, queijos de pasta mole, patê, vegetais crus, peixe defumado.	Deve efetuar-se desde a granja até que o alimento chegue ao consumidor. É impossível obter uma dieta livre totalmente desta bactéria. As mulheres grávidas,

►

Doença e Agente Causador	*Período de Incubação. Sinais e Sintomas. Duração da Doença. Seqüelas e Complicações*	*Fontes e Reservatórios*	*Alimentos Envolvidos na sua Transmissão*	*Medidas de Controle*
	enterite moderada, febre, mas as conseqüências sobre o feto são graves. A morte intra-uterina ocorre, geralmente, antes do terceiro trimestre de gravidez, posteriormente podem ocorrer abortos. A infecção perinatal pode depois causar meningite. Em casos não obstétricos, aproximadamente dois terços dos pacientes sofrem somente de bacteremia e aproximadamente um terço de meningite, com ou sem bacteremia. As complicações podem incluir endoftalmia, artrite séptica, osteomielite, pericardite e endocardite. A infecção é forte especialmente nas pessoas do grupo LAPIZ.	senvolver a baixas temperaturas, geralmente é isolada em refrigeradoras ou em outras unidades de refrigeração.		os idosos, os lactantes e crianças pequenas, os doentes devem tomar precauções especiais para não consumir alimentos que possam estar contaminados com listerias.
Doença gastrointestinal por *Plesiomonas shigelloides* (infecção) (enterointoxicação).	Período de incubação de 24-50h, os sintomas podem durar de 1-9d. Diarréia (94% dos casos), dor abdominal (74%), náusea (72%), calafrios (49%), febre (37%), dores de cabeça (34%), e vômitos (33%). Fezes aquosas mas não sanguinolentas. Tem sido relacionada com meningite, septicemia, celulite, artrite séptica, piometra. Um patógeno potencial em pacientes imunodeprimidos.	Amplamente distribuído na natureza, geralmente é considerada uma bactéria de origem aquática – águas doces superficiais – tem sido isolado de peixes e crustáceos, e de animais domésticos e silvestres. Mais freqüente em meses de calor.	Água ou alimentos contaminados consumidos crus; as ostras parecem ser os alimentos implicados com maior freqüência.	Manter temperaturas adequadas durante o aquecimento dos alimentos.

►

Doença e Agente Causador	Período de Incubação. Sinais e Sintomas. Duração da Doença. Seqüelas e Complicações	Fontes e Reservatórios	Alimentos Envolvidos na sua Transmissão	Medidas de Controle
Salmonelose: causado por aproximadamente 2.200 serovares de *Salmonella* que tem sido identificados, mas são possíveis 20.000 combinações dos seus antígenos (Infecção) **Nota:** A este grupo de bactérias pertence a *Salmonella enteritidis*, que ultimamente tem sido associada à doença transmitida pela maionese mal preparada e por pratos preparados com carne de frango.	Período de incubação de 5h a 5d, mas os sinais e sintomas geralmente começam às 12-36h depois da ingestão dos alimentos. Diarréia, náusea, dor abdominal, febre moderada, calafrios. A diarréia geralmente dura de 2-5d. São freqüentes os casos de desidratação forte. As fezes das pessoas doentes podem conter quantidades enormes de salmonelas, algumas pessoas continuam excretando as bactérias mesmo depois de três meses. As seqüelas e complicações são freqüentes: apendicite, artrite, colecistite, endocardite, abcessos locais, meningite, osteomielite, osteoartrite, pericardite, peritonite, pleuresia, pneumonia, salpingite, infeções do trato urinário.	As salmonelas possuem uma distribuição muito ampla na natureza. Tem-se identificado inúmeros reservatórios animais. Diversos alimentos, especialmente os de origem animal, estão contaminados e disseminam as salmonelas nas cozinhas, refrigeradoras, etc. As matérias fecais humanas e animais muitas vezes são o veículo das salmonelas até os alimentos. As aves como os pardais, as pombas, podemcontaminar com salmonelas os ambientes dos serviços de alimentação coletiva, incluindo as salas para refeições. Posteriormente as salmonelas podem estabelecer-se e multiplicar-se nas superfícies e equipamentos de um restaurante. Moscas e baratas têm sido encontradas contaminadas com salmonelas	Ovos ou pratos preparados com eles insuficientemente cozidos. Carnes de aves. Carnes de porco. Leite mal fervido. Maionese caseira. Chocolate. Broto de soja ou de feijão. Mariscos não depurados. Melões, melancias, etc.	Aquecimento adequado dos alimentos, especialmente os de origem animal. Aquecimento a temperaturas superiores a 74° dos alimentos que não forem consumidos imediatamente após a sua preparação. Evitar a contaminação cruzada, as más práticas de manipulação, a refrigeração incorreta. Lembrar que uma poucas células de salmonela podem provocar doenças. O calor, a acidificação correta, a irradiação, são medidas de controle muito adequadas. Uma esmerada desinfecção dos ambientes das cozinhas e sala para refeições são medidas efetivas para diminuir o risco.
Febre tifóide e paratifóide por Salmonella typhi e *Salmonella paratyphi A-C, Salmonella sendai* (infecção).	Período de inc. 7-28d (dependendo da dose); a média é de 14d. Mal-estar, dor de cabeça, febre persistente, dor abdominal, dor corporal, fraqueza geral, diarréia ou constipação. Podem	O reservatório é o ser humano.	A água ou qualquer alimento contaminado com matérias fecais de um doente ou portador dos agentes causadores. Os manipuladores de alimentos portadores podem contaminar	O controle deve exercer-se durante a preparação dos alimentos. Lavagem das mãos, desinfecção das superfícies nas cozinhas, uso de temperaturas corretas durante a cocção

►

Doença e Agente Causador	Período de Incubação. Sinais e Sintomas. Duração da Doença. Seqüelas e Complicações	Fontes e Reservatórios	Alimentos Envolvidos na sua Transmissão	Medidas de Controle
	aparecer náuseas, vômitos, tosse, sudorese, hipotensão arterial. Na tifóide pode ocorrer enterorragia em aproximadamente 5-10% dos pacientes, perfuração intestinal. Duração semanas ou meses. O período de convalescença é de várias semanas, com astenia psicofísica, queda de cabelo, polineurite. Baixa mortalidade.		os alimentos se não utilizam práticas adequadas. Mariscos e agrião contaminados com esgotos têm participado como veículos das salmonelas tifóides e paratifóides.	ou aquecimento. Lavagem cuidadosa das frutas e vegetais.
Disenteria bacilar ou shigelose por *Shigella dysenteriae, Sh. flexneri, Sh. boydii. Sh. sonnei* (infecção).	Incubação de 1-4d, depois acontece um súbito ataque de cãibras abdominais. Fezes com mucosidades e algumas vezes sangue. No caso de se apresentar bacteremia o paciente pode morrer. Na fase grave (colônica) da doença há dores abdominais intensas, evacuações freqüentes, acompanhadas de dores agudas, que resultam em pouca quantidade de fezes com sangue e muco. A doença dura de poucos dias a poucas semanas.	O reservatório é o ser humano.	Qualquer alimento ou água contaminada com matéria fecal de uma pessoa doente, diretamente ou com águas servidas. A doença pode transmitir-se de pessoa para pessoa pela via oral-fecal. Os manipuladores doentes com más práticas higiênicas podem ser a causa da contaminação. As saladas são causa freqüente de contaminação.	Lembrar que as doses que infectam são baixas. A dose infectante é pequena. Os manipuladores devem aplicar práticas higiênicas, lavar as mãos freqüentemente. Aquecer e requentar a temperaturas adequadas. Desinfecção das superfícies das cozinhas. Lavagem cuidadosa de frutas e verduras.
Enterointoxicação com *Staphylococcus aureus* (Intoxicação). **Nota:** É denominada "a doença dos banquetes", pelo curto período de incubação, apre-	O início dos sintomas da intoxicação aparecem depois de 1 a 7 horas da ingestão do alimento contaminado com as enterotoxinas estafilocócicas (em geral	O reservatório é o ser humano, em cuja pele, nariz ou garganta pode habitar o estafilococo. Entre 25 e 40% das pessoas são portadoras do estafilococo pro-	Produtos lácteos como queijos, cremes, sorvetes. Presunto, peixe salgado, carne de aves. Salada de frango e ovos.	Educação dos manipuladores para que tenham boas práticas sanitárias, lavagem freqüente das mãos, não introduzir dedos em fossas nasais ou conduto auditivo.

►

Doença e Agente Causador	*Período de Incubação. Sinais e Sintomas. Duração da Doença. Seqüelas e Complicações*	*Fontes e Reservatórios*	*Alimentos Envolvidos na sua Transmissão*	*Medidas de Controle*
sentando-se a doença quando ainda não se terminou a refeição.	entre 2-4h). Os sintomas mais comuns são náusea, vômitos, cãibras abdominais e diarréia. Em casos mais graves podem ocorrer dores de cabeça e colapso. A recuperação acontece em dois dias.	dutor. Os animais de sangue quente também são portadores destes estafilococos. Algumas mastites em vacas leiteiras são provocadas por estes microrganismos.		Separar manipuladores com feridas infectadas, acne. Utilização adequada da refrigeração. Utilização adequada da temperatura na cocção, mas lembrar que uma vez formada a enteroxina ela é resistente ao calor.
Infecções piógenas por *Streptococcus pyogenes, St. agalactiae, St. zooepidemicus* (infecção).	Incubação de 1 a 3d. Infecção piógena particularmente dor de garganta séptica, amidalite e febre escarlate. Ocasionalmente náusea e vômitos. Há informações sobre complicações como febre reumática aguda ou glomerulonefrite.	Humanos e animais infectados com estreptococos piógenos.	Leite cru ou leite contaminado depois da pasteurização. Saladas, carnes.	Como os humanos são usualmente a fonte de infecção, as medidas de controle devem estar fundamentadas em um estrito cumprimento das práticas higiênicas de manipulação. Deve vigiar-se especialmente os trabalhadores em estábulos, em locais de beneficiamento do leite e especialmente os que trabalham em restaurantes e outros estabelecimentos de alimentação coletiva como as catering aéreas, ou cozinhas de vôo. As pessoas que estejam com amidalite, infeções na garganta, infeções piógenas como furúnculos, feridas infectadas, devem ser terminantemente proibidas de manipular alimentos. Devem organizar-se programas de controle da mastite. Controlar estritamente a pasteurização do leite e evitar a recontaminação.

►

Doença e Agente Causador	*Período de Incubação. Sinais e Sintomas. Duração da Doença. Seqüelas e Complicações*	*Fontes e Reservatórios*	*Alimentos Envolvidos na sua Transmissão*	*Medidas de Controle*
Cólera. Agente produtor *Vibrio cholerae* O1; O139 (toxi-infecção). Gastroenterite por *V. cholerae* no O1, no O139 e por *V. mimicus*. **Nota:** O cólera, por mais estranho que possa parecer, é a ETA que menos afeta os turistas.	O período de incubação é entre 6h e 5d. Pode começar com diarréia não muito intensa, mal-estar abdominal e falta de apetite (anorexia), mas rapidamente estes sintomas são seguidos por diarréia copiosa com fezes tipo "água de arroz", e perda muito rápida dos líquidos (1 litro/hora) e os sais do corpo (especialmente o potássio), o que leva a uma desidratação grave, hipertensão e desequilíbrio dos sais (eletrólitos). Sem tratamento o cólera é fatal, especialmente em pessoas mal nutridas, mas em pessoas usualmente sadias e bem nutridas, a recuperação ocorre de 1-6d, após ser reidratadas e receber os sais que perderam. O *Vibrio cholerae* O1 e O-139, produz uma gastroenterite moderada caracterizada por diarréia, espasmos intestinais e febre (em 70% dos casos). Ocorrem também náuseas e vômitos e fezes sanguinolentas em 25% dos casos. A gastroenterite acusada pelo *V. mimicus* é similar à produzida pelo *Vibrio* O1, com período de incubação de 3-72h depois da ingestão de alimentos contaminados, a doença dura de 1-10d.	Os intestinos humanos. Os vibriões causadores se encontram também em ambientes aquáticos, especialmente marinhos, associados muitas vezes com o plâncton. Tem-se verificado a existência de portadores assintomáticos, que continuam excretando os vibriões depois do desaparecimento dos sintomas.	A água e os moluscos são os causadores mais freqüentes, os crustáceos e outros alimentos marinhos também têm participação em surtos. Mas alimentos crus e cozidos têm demonstrado também sua participação. O arroz cozido, a carne de porco crua, o milho duro têm estado também relacionados. Os alimentos preparados na rua são transmissores freqüentes do mal.	O controle vai depender da situação do país ou a cidade onde se deseje realizar. Em um lugar o cólera pode ser epidêmico, endêmico, ou estar essencialmente ausente. a) Em situação epidêmica o controle deve estar especialmente dedicado a evitar a contaminação dos alimentos produzidos localmente com esgotos e com materiais fecais humanas. Deve dar-se particular atenção à monitorização das águas onde se pescam ou capturam os alimentos de origem aquática. b) Em situações endêmicas existe um permanente, mas moderado, risco de contaminação dos alimentos por contato com pacientes portadores assintomáticos ou com água contaminada. É preciso monitorar as águas onde se pesca ou se capturam mariscos e outros alimentos marinhos, devem realizar-se provas bacteriológicas dos alimentos marinhos. c) Em lugares sem exposição ao cólera serão suficientes as medidas habituais de inocuidade dos ali-

►

Doença e Agente Causador	*Período de Incubação. Sinais e Sintomas. Duração da Doença. Seqüelas e Complicações*	*Fontes e Reservatórios*	*Alimentos Envolvidos na sua Transmissão*	*Medidas de Controle*
				mentos, mas se deve prestar atenção a prováveis contaminações dos alimentos aquáticos. Em geral se deveriam aplicar as medidas de prevenção da contaminação, de evitar a multiplicação microbiana, e de eliminar uma possível contaminação ou recontaminação com a aplicação de temperaturas elevadas (74°C) ou 80°C no caso da carne de caranguejo cozida.
Gastroenterite por *Vibrio parahaemolyticus* (infecção). (Entero-intoxicação).	A doença inicia depois de 4-96h da ingestão dos alimentos contaminados. Os sintomas incluem diarréia (98%), espasmos abdominais (82%), náuseas (71%), vômitos (52%), dor de cabeça (42%), febre raramente, e calafrios (24%). A doenças desaparece depois de 3 dias. A mortalidade em geral é muito baixa. Às vezes como seqüela encontramos a septicemia.	O agente se distribui amplamente nas águas costeiras em todo o mundo. Muitas vezes está associado com animais marinhos de exoesqueleto quitinoso como os lagostins e os caranguejos, mas também foi encontrado em mariscos em geral e peixes.	Os alimentos marinhos estão, em geral, associados com a apresentação da doença. Têm ocorrido alguns surtos em que os alimentos não marinhos foram envolvidos, mas isto ocorreu por contaminações cruzadas com produtos marinhos.	É indispensável prevenir a multiplicação dos vibriões nos alimentos, através da aplicação da cadeia de frio. Aquecer ou requentar de forma adequada os alimentos marinhos. Evitar as contaminações cruzadas dos alimentos com alimentos marinhos crus ou com superfícies contaminadas por eles.
Bacteremia ou septicemia a *Vibrio vulnificus* (infecção). **Nota:** esta bactéria é chamada por alguns "o monstro das marés".	Período de incubação em geral é de 38h, com uma variável entre 10h a vários dias. Os sintomas mais comuns da septicemia são: febre (94%), calafrios	O hábitat natural desta bactéria são as águas costeiras e os banhados.	Ostras cruas, outros tipos de alimentos marinhos crus ou insuficientemente cozidos.	Cozinhar adequadamente os produtos marinhos. Os idosos, pessoas com problemas hepáticos, alcoólicos, grávidas e, em geral, as pessoas imunocomprometidas

►

Doença e Agente Causador	*Período de Incubação. Sinais e Sintomas. Duração da Doença. Seqüelas e Complicações*	*Fontes e Reservatórios*	*Alimentos Envolvidos na sua Transmissão*	*Medidas de Controle*
	(91%), e náuseas (58%). Pode apresentar-se também diarréia abundante. A doença está associada principalmente a pessoas imunocomprometidas, especialmente as que sofrem de cirrose hepática, assim como hepatite, e a uma história de abuso de álcool. Esta bactéria também provoca infeções dos tecidos moles e úlceras cutâneas nos indivíduos com lesões ou erosões da pele e que estão expostos à água contaminada			devem abster-se de consumir produtos marinhos que não estejam muito bem cozidos.
Gastroenterite por *Yersinia enterocolitica* (Infecção)	Período de incubação é de 1-11d (geralmente entre 24-36h). Diarréia líquida, às vezes mucossanguinolenta (4-20 defecações diárias), dor abdominal, às vezes febre, em algumas oportunidades dor de garganta, *rash*, náusea, dor de cabeça, mal-estar generalizado, dores articulares e vômitos. A diarréia pode persistir por várias semanas. As complicações podem ser adenite mesentérica, ileíte terminal, faringite, sepse com localizações metastáticas (osteomielite, meningite, abces-	Uma grande quantidade de animais, mas as cepas patogênicas para os humanos se isolam principalmente do porco (as amídalas destes animais são um nicho ecológico notável, com uma altíssima incidência da bactéria). Tem-se isolado também da água. A transmissão de pessoa para pessoa é possível.	A carne e outros alimentos procedentes do porco (intestinos, língua) são os principais alimentos envolvidos nos surtos. O leite cru e outros produtos lácteos tem estado também vinculados a surtos. Em um deles o leite tinha sido contaminado por porcos.	Não é fácil erradicar a contaminação dos porcos com estas bactérias. Os produtos porcinos devem ser consumidos muito bem cozidos, deve evitar-se de qualquer maneira a possibilidade de contaminações cruzadas entre produtos porcinos crus e outros alimentos, crus ou cozidos.

►

Doença e Agente Causador	Período de Incubação. Sinais e Sintomas. Duração da Doença. Seqüelas e Complicações	Fontes e Reservatórios	Alimentos Envolvidos na sua Transmissão	Medidas de Controle
	sos hepáticos), glomerulonefrite aguda, proliferativa, artrite, síndrome de Reiter (conjuntivite, artrite, uretrite). As pessoas que possuem o antígeno HLA-B27 estão especialmente expostas ao risco de desenvolver artrite e uveíte.			

II. Doenças Virais

Doença e Agente Causador	Período de Incubação. Sinais e Sintomas. Duração da Doença. Seqüelas e Complicações	Fontes e Reservatórios	Alimentos Envolvidos na sua Transmissão	Medidas de Controle
Hepatite A. Vírus da hepatite A (HAV), RNA, novo gênero Hepatovírus.	Período de incubação 4 semanas (categoria entre 2-6 semanas). O início da doença não é específico, inclui febre, dor de cabeça, mal-estar, fadiga, anorexia e náusea, geralmente por vômitos e dor abdominal. A icterícia, precedida por urina muito escura, pode aparecer posteriormente. Hepatomegalia. A doença é autolimitante e raramente provoca a morte, mas os pacientes podem ficar incapacitados por vários meses. A recuperação é completa e com imunidade vitalícia para a doença.	Os humanos são a única fonte última de contaminação, pois o vírus se encontra nas materiais fecais dos doentes por vários dias ou semanas. Os esgotos, as águas contaminadas por essas matérias. HAV conserva sua infecciosidade durante anos a –20ºC, semanas na água, um mês dissecado e a 25ºC. A água fervente o destrói entre 1 e 5 minutos. A solução de, hipoclorito de sódio 10 mg/l o destrói em 15 minutos.	Moluscos bivalvos capturados em águas contaminadas. Saladas e outros alimentos contaminados diretamente por manipuladores doentes com más práticas higiênicas.	Todas as medidas que evitam, direta ou indiretamente, a contaminação fecal dos alimentos que não vão receber um tratamento posterior que possa destruir os vírus. Educação e capacitação dos manipuladores, os quais não devem trabalhar com alimentos enquanto estão com problemas intestinais, embora o trabalhador possa estar excretando os vírus sem apresentar sintomas. O uso de luvas nos manipuladores para certas operações, pode ser útil. Não capturar moluscos em águas suspeitas de contaminação.

►

Doença e Agente Causador	*Período de Incubação. Sinais e Sintomas. Duração da Doença. Seqüelas e Complicações*	*Fontes e Reservatórios*	*Alimentos Envolvidos na sua Transmissão*	*Medidas de Controle*
Gastroenterite por vírus Norwalk ou tipo Norwalk. Vírus pequenos, redondos.	Período de incubação de 24-48h, mas podem existir períodos mais curtos ou mais longos. A doenças é relativamente benigna. Os principais sintomas são náuseas, vômitos, diarréia e câibras ou dores abdominais. Em crianças, os vômitos são mais freqüentes do que a diarréia. Outros sintomas incluem dor de cabeça, febre, dores musculares, fraqueza generalizada, calafrios.	O ser humano. Estes vírus são resistentes aos ácidos e ao aquecimento a 60°C por 30 minutos. Os vírus não se multiplicam nem nos alimentos, nem no ambiente, sobrevivem ao congelamento.	São transmitidos por veículos similares aos da hepatite A. Estes vírus constituem um grave problema para as indústrias de moluscos bivalvos capturados em banhados ou águas costeiras. Têm sido transmitidos por saladas, sanduíches, suco de laranja, etc.	O controle depende da prevenção da contaminação fecal direta ou indireta dos alimentos que não receberão um tratamento contra o vírus antes do seu consumo. Lembrar que as fontes mais importantes de transmissão são os manipuladores e os moluscos bivalves provenientes de águas contaminadas. As medidas para controlar a hepatite são totalmente aplicáveis neste caso.

III. Doenças Parasitárias

Doença e Agente Causador	*Período de Incubação. Sinais e Sintomas. Duração da Doença. Seqüelas e Complicações*	*Fontes e Reservatórios*	*Alimentos Envolvidos na sua Transmissão*	*Medidas de Controle*
Anisaquíase. *Anisakis simplex* (*Anisakis marina*). *Phocanema* (*Terranova-Pseudoterranova*).	Depois de 1-12h de ter ingerido o alimento marinho contaminado, ocorre um súbito e grave ataque de dor epigástrica, freqüentemente associada com náuseas e vômitos. A fase intestinal se evidencia depois de 7d. Continuarão os mesmos sintomas, mas há sangue oculto no suco gástrico ou nas fezes,	Encontra-se em vários peixes marinhos, mas não, até o momento, em peixes de água doce. Em aves marinhas também encontraram-se anisakis.	Peixes marinhos, especialmente arenques.	O controle da presença das larvas em peixes e seus derivados é muito importante por razões de saúde pública e de estética. O congelamento é um bom método para destruir as larvas. A regulamentação holandesa obriga a que os peixes (arenques) sejam congelados a uma temperatura de −20°C dentro das 12 horas

►

Doença e Agente Causador	*Período de Incubação. Sinais e Sintomas. Duração da Doença. Seqüelas e Complicações*	*Fontes e Reservatórios*	*Alimentos Envolvidos na sua Transmissão*	*Medidas de Controle*
	e uma eosinofilia em aumento. Podem desenvolver-se granulomas eosinofílicos. É necessário um tratamento cirúrgico para extrair as larvas que tenham penetrado na parede intestinal. A doença não é geralmente fatal, mas os sintomas podem persistir.			da pesca e de permanecer nesse estado ao menos 24h. O aquecimento a 70ºC destrói as larvas. Estes procedimentos são úteis quando o nível de contaminação do peixe é baixo, caso contrário o público os rejeitará, por motivos estéticos, embora as larvas estejam mortas.
Amebíase por *Entamoeba histolyca* (Disenteria amebiana). (Protozoo).	Período de incubação de 2 a 4 semanas, mas também pode ser de poucos dias a vários meses. Febre alta, astenia psicofísica, dor de cabeça, defecações líquidas mucossanguinolentas, dor abdominal, cólicas, tenesmo e desejos freqüentes de evacuar. Disenteria, apendicite amebiana. Na amebíase intestinal crônica, dor abdominal, diarréia alternada com intestino preso, emagrecimento, irritabilidade, dor de cabeça. A localização da amebíase extraintestinal é no fígado, pulmão, cérebro e coração. Baixa mortalidade.	O humano é o maior reservatório, alguns animais como o rato ou o cachorro também o podem ser. Os cistos se mantêm viáveis por 5 minutos nas mãos e até 15 minutos sob as unhas. As amebas são encontradas também nos esgotos.	Em razão de a contaminação ocorrer por via fecal-oral, qualquer alimento ou água que tenham sido contaminados com os cistos podem servir de veículo. Os cistos são excretados em grandes quantidades (até 50 milhões por dia) pelas pessoas infectadas. Os alimentos implicados mais freqüentemente são vegetais (saladas), frutas, água de beber.	Ferver a água. Lavagem cuidadosa das frutas e vegetais, boas práticas higiênicas pelos manipuladores, lavagem freqüente das mãos. Cocção correta dos alimentos.
Ascaríase por *Ascaris lumbricoides* (Nematódeo).	Sintomas aparecem depois de 4-16d depois da infecção. Os ovos nas matérias fecais aparecem depois de 60-70d. Mal-es-	O intestino humano; o solo e vegetação contaminados com matéria fecal contendo ovos.	Vegetais (saladas), frutas sem lavar ou descascar, a água.	Saneamento ambiental (eliminação sanitária de dejetos, provisão de água potável), educação para a saúde. Proteção dos ali-

►

Doença e Agente Causador	*Período de Incubação. Sinais e Sintomas. Duração da Doença. Seqüelas e Complicações*	*Fontes e Reservatórios*	*Alimentos Envolvidos na /sua Transmissão*	*Medidas de Controle*
	tar gastrointestinal, cólicas, vômitos. Dor abdominal, prurido nasal e anal, irritabilidade, convulsões, eliminação de parasitas por via oral ou anal. Complicações obstrução intestinal, colangite, apendicite, peritonite.			mentos. Não regar com águas servidas, não adubar com matérias fecais. Manipuladores com boas práticas higiênicas.
Clonorquíase *Clonorchis sinensis* (Trematódeo)	Gradualmente malestar, anorexia, dor abdominal, movimento irregular do intestino. Os pacientes que estão muito infectados sofrem de debilidade, perda de peso, malestar epigástrico, diarréia, anemia, mudanças inflamatórias e fibróticas do ducto biliar, vesícula e fígado. Os indivíduos infectados podem portar o parasita por vários anos.	Os caramujos são os hospedeiros intermediários primários. Inúmeras espécies de peixes de rio agem como hospedeiros intermediários secundários. O homem, os gatos e outros animais que consomem esses peixes são os hospedeiros definitivos.	As pessoas se infectam consumindo peixe de rio que porta as larvas (metacercárias) cruas ou mal cozidas.	Evitar o consumo de peixe de água doce crus, ou insuficientemente cozidos. Controle dos caramujos com agentes molusquicida.
Criptosporidiose por *Crytosporidium parvum* (Protozoo).	Período de incubação é de 2 a 14d. Diarréia líquida, náuseas, vômitos, dor abdominal tipo cólica. Na metade dos casos ocorre febre. Se autolimita no hospedeiro sadio, imunocompetente, mas as pessoas imunocomprometidas não podem eliminar os parasitas e a doença torna-se prolongada e fulminante e pode contribuir para a morte do indivíduo.	O ser humano, o gado bovino (particularmente os bezerros), outros animais domésticos e silvestres. Foram encontrados em todas as partes do mundo em que se tem procurado. O parasita é muito resistente ao cloro, por isso uma água "potável" bacteriologicamente aprovada poderia estar contaminada com este protozoo.	Como a transmissão é pela via oral-fecal e se transmite também de pessoa para pessoa, qualquer alimento ou água pode ser contaminado por matérias fecais humanas ou de animais, de forma direta ou indireta, mediante os manipuladores ou por contaminações cruzadas.	Ferver muito bem a água utilizada para beber, da mesma forma o leite. Cozinhar muito bem os alimentos, especialmente as carnes bovinas, de porco e de aves. Muito boas práticas higiênicas por parte dos manipuladores.

►

Doença e Agente Causador	*Período de Incubação. Sinais e Sintomas. Duração da Doença. Seqüelas e Complicações*	*Fontes e Reservatórios*	*Alimentos Envolvidos na sua Transmissão*	*Medidas de Controle*
Fasciolíase por *Fasciola hepatica* (Trematódeo).	Período de incubação de várias semanas. Icterícia. Dor cólica no hipocôndrio direito, febre, hepatomegalia dolorosa, exantemas urticarianos. Nas formas graves se registra letalidade.	Os caramujos são os hospedeiros intermediários. O gado bovino, o ovino e os seres humanos são os hospedeiros definitivos.	Os alimentos aquáticos como o agrião são os veículos mais freqüentes.	Cocção adequada dos alimentos. Evitar o consumo de agrião cru. Disposição adequada dos dejetos. Saneamento ambiental. Não utilizar águas servidas para regar. Uso de molusquicidas para eliminar os caramujos.
Giardíase por *Giardia lamblia* (Protozoo).	Período de incubação de 6-20 dias, média de 9d. Náuseas, vômitos, diarréia aquosa e fétida, dor abdominal. Na fase crônica ocorre também emagrecimento, síndromes de má-absorção, que remitem e reaparecem.	Distribuição universal. Reservatórios são o ser humano e os animais, especialmente os primatas, cachorros, gatos.	Como a transmissão é por via digestiva, oral-anal, qualquer alimento ou a água contaminada com matérias fecais de pessoas contaminadas pode transmitir a doença. O parasita é muito resistente ao cloro.	Ferver muito bem a água utilizada para beber. Os manipuladores devem ter práticas higiênicas muito estritas. Lavar muito bem as frutas e verduras. Cozinhar os alimentos nas temperaturas e tempos recomendados pelo saneamento ambiental. Educação para a saúde.
Paragonimíase causada por *Paragonimus westermani* (Trematódeo).	Período de incubação no estado agudo é de poucos dias a várias semanas, no estado crônico os sintomas pulmonares começam aos três meses. Os sintomas são febre, dores musculares, fadiga, dores abdominais, eosinofilia. Como seqüela podem ocorrer lesões pulmonares. As infeções graves podem produzir sintomas similares aos da tuberculose.	Os caramujos de água doce agem como hospedeiros intermediários primários, os caranguejos como hospedeiros intermediários secundários. Os hospedeiros definitivos são os seres humanos, os gatos, os cachorros e outros animais domésticos e silvestres.	Os crustáceos de água doce são os principais veículos.	Conhecimento adequado dos crustáceos, não consumi-los crus ou mal cozidos. Manipulação higiênica dos crustáceos. Controle dos caramujos com molusquicidas.

►

Doença e Agente Causador	*Período de Incubação. Sinais e Sintomas. Duração da Doença. Seqüelas e Complicações*	*Fontes e Reservatórios*	*Alimentos Envolvidos na sua Transmissão*	*Medidas de Controle*
Teníase e cisticercose causadas por *Taenia solium* e sua *Cysticercus cellulosae* e por *Taenia saginata* e sua *Cysticercus bovis* (o ser humano raramente é afetado pelo último cisticerco) (Cestódeos).	As duas tênias são parasitas obrigatórias do ser humano e as formas adultas podem alcançar até 4 metros de comprimento. O período de incubação é de 8-14 semanas. A teníase saginata (transmitida pela carne bovina) provoca náuseas, dor abdominal, sensação de fome, emagrecimento; o sinal é a eliminação de proglótides, ou seja, de segmentos ou anéis do parasita. A teníase solium (transmitida pela carne de porco) causa náuseas, dor abdominal, sensação de fome. Na cirticercose (carne de porco) os sintomas e sinais dependem da localização da larva ou cisticerco (ocular, cerebral, cardíaca, hepática, muscular, subcutânea). A mais temida é a neurocisticercose que pode ser fatal, produz nervosismo, insônia, anorexia, perda de peso, dores abdominais, etc.	Os reservatórios são o ser humano, os bovinos, os porcinos.	O consumo de carne bovina ou porcina crua ou insuficientemente cozida, que contém cisticercos, pode provocar a teníase. A cisticercose é provocada pela ingestão de ovos de *T. solium* pela via fecal-oral, este ovos originam as larvas (cisticercos) que se alojam em diferentes órgãos do ser humano.	Evitar a contaminação fecal da água, solo, alimentos, com um bom saneamento ambiental. Adquirir somente carne aprovada pela inspeção veterinária. Evitar o uso de águas contaminadas para a irrigação de cultivos alimentares. Nos restaurantes se deve ter a precaução especial de cozinhar as carnes de porco e de bovinos, nas temperaturas recomendadas.
Toxoplasmose por *Toxoplasma gondii* (Protozoo).	Um único cisto pode provocar a doença, o período de incubação é de 1-3 semanas. As infeções são geralmente assintomáticas ou mostram uma doença aguda com linfoadenopatia e linfocitose que pode durar dias ou semanas, podem apresentar-se também lesões	Os gatos e as pombas, aparentemente, são os principais reservatórios ou hospedeiros intermediários, da mesma forma que outros felinos, roedores, cabras e pássaros.	Os alimentos que mais freqüentemente têm estado envolvidos na transmissão da doença são a carne crua ou mal cozida, diversos vegetais, leite de cabra. Como a infecção ocorre através da ingestão dos oocistos do parasita, as crianças podem	Evitar a entrada de gatos, cachorros, pombas, pássaros etc. nas cozinhas. Cocção adequada das carnes. Lavagem cuidadosa das frutas e verduras. Os manipuladores devem abster-se de brincar ou tocar os gatos, cachorros, etc. e em todo caso

►

Doença e Agente Causador	*Período de Incubação. Sinais e Sintomas. Duração da Doença. Seqüelas e Complicações*	*Fontes e Reservatórios*	*Alimentos Envolvidos na sua Transmissão*	*Medidas de Controle*
	oculares. Mas o grande problema da toxoplasmose é a possibilidade de que a infecção em mulheres grávidas possa causar abortos, ou o nascimento de crianças mortas. Mas também a infecção transplacentária pode provocar o nascimento de crianças com deformações cranianas e dano cerebral, com todas as conseqüências negativas derivadas desse dano. Em pacientes imunocomprometidos causa uma série de complicações e seqüelas. Em pacientes com AIDS a toxoplasmose é particularmente perigosa.		adquirir a infecção brincando com areia contaminada com excrementos de gatos.	aplicar as práticas de manipulação higiênica.
Triquinose ou triquinelose por *Trichinella spiralis* (Nematódeo).	Período de incubação 1-28 dias, em geral entre 8-15d, mas pode ser mais prolongado, 2-3 meses. O período de invasão está caracterizado como uma síndrome infeciosa e gastroenteral, com náuseas, vômitos, diarréia e febre. Depois, no período de estado, é uma síndrome infeciosa com edema palpebral e facial, exantemas, hepatomegalia, dores musculares. As complicações são miocardite, hepatite, meningoencefalite. O período de convalescença pode durar semanas. A mortalidade é baixa.	Porcos, javalis, cachorros, cavalos, ratos, gatos e outros mamíferos.	Os alimentos implicados são, principalmente, a carne de porco e derivados, outros são a carne de javali, de urso, de cavalo.	Cuidadosa cocção da carne de porco (74°C), congelamento da carne (-25° C ao menos por 15 dias). Adquirir carne unicamente em estabelecimentos que garantam que os porcos receberam inspeção veterinária profissional. A carne de caça deve ser muito bem cozida.

IV. Doenças Causadas por Toxinas Marinhas de Origem Microbiana

Em termos gerais, todas as toxinas marinhas são relativamente resistentes ao calor, portanto a cocção não as destrói. Não são detectadas organolepticamente, ou seja, não modificam sensivelmente a cor, odor, sabor, aspecto, etc. dos peixes ou moluscos que contaminam.

Doença e Agente Causador	*Período de Incubação. Sinais e Sintomas. Duração da Doença. Seqüelas e Complicações*	*Fontes e Reservatórios*	*Alimentos Envolvidos na sua Transmissão*	*Medidas de Controle*
Intoxicação paralisante por moluscos (IPM) (PSP- *Paralytic Shellfish Poisoning*)- Saxitoxinas, neosaxitoxinas e goniautoxinas elaboradas por algas toxigênicas do fitoplâncton dos grupos *Alexandrium, Gymnodinium, Pyrodinium.*	Aos trinta minutos da ingestão de um molusco tóxico começa uma sensação de formigamento ou ardor nos lábios, língua e rosto que vai progredindo gradualmente em direção à nuca, braços, ponta dos dedos, pernas e dedos dos pés, estas sensações vão mudando até a dormência, e os movimentos voluntários tornam-se difíceis. Nos casos graves a ataxia é acompanhada por uma sensação de "estar flutuando no ar". Às vezes ocorre afasia, salivação, dor de cabeça, sede intensa, náusea, vômitos. As vítimas mantêm sua consciência e lucidez durante a doença. Nos casos em que a vítima não é tratada, esta pode falecer	As algas microscópicas que sintetizam estas toxinas conformam o plâncton marinho. Quando seu número aumenta, pode ocorrer o fenômeno das marés vermelhas ("red tides"). Os moluscos bivalves filtram a água do mar e retêm as algas e as toxinas.	Moluscos bivalves.	As autoridades devem efetuar uma monitorização permanente sobre a presença de algas capazes de sintetizar as saxitoxinas, e detectar sua presença nos moluscos, através de simples exames de laboratório. Adquirir os moluscos somente de fornecedores credenciados, que garantam que não foram colhidos em lugares proibidos, ou em épocas de marés vermelhas.

►

Doença e Agente Causador	*Período de Incubação. Sinais e Sintomas. Duração da Doença. Seqüelas e Complicações*	*Fontes e Reservatórios*	*Alimentos Envolvidos na sua Transmissão*	*Medidas de Controle*
	por paralisia respiratória, o que pode ocorrer dentro das 12-24 horas. Se o paciente sobrevive mais de 12-24 horas pode recuperar-se bem e sem seqüelas. As saxitoxinas agem cobrindo a superfície do canal sódio nas células nervosas.			
Intoxicação diarréica por Moluscos (IDM) (DSP- *Diarrheal Shellfisch Poisoning*). Ácido ocadaico, dinofisistoxina 1 e 3, pectenotoxina 1, 2, 3 e 6, yesstoxina e 45-hidroxi-yessotoxina elaboradas por *Dinophysis* e *Porocentrum*.	Os sintomas aparecem de 30 minutos a 12 horas depois do consumo do molusco tóxico; na maioria dos casos (70%) o período é de apenas 4h. Sintomas são diarréia (92%), náusea (80%), vômitos (79%), dor abdominal (53%), e calafrios (10%). Os sintomas desaparecem depois de 3 dias (mesmo sem tratamento médico) e não deixam seqüelas. Aparentemente, a exposição crônica a esta toxina pode provocar a formação de tumores.	As algas produtoras da toxinas. O problema está aumentado na Europa, nos países escandinavos, Japão, e ao que parece também no Chile.	Os mexilhões, vôngoles e outros moluscos.	Monitorar as áreas nas que se criam os moluscos, para verificar que não existam microalgas produtoras das toxinas. Analisar os moluscos com certa freqüência.
Intoxicação neurotóxica por moluscos (INP) (NSP *Neurotoxic Shellfish Poisoning*). Brevetoxinas produzidas por microalgas do grupo *Gymnodinium* breve.	Muito pouco tempo depois do consumo dos moluscos aparecem os primeiros sintomas e, geralmente, desaparecem depois das primeiras horas ou, a mais tardar, depois de poucos dias. Os sintomas são formigamento e dormência dos	As algas do grupo *Gymnodinium*. Este problema, aparentemente, aparece somente no Golfo do México e ocasionalmente na costa do sudeste dos EUA.	Mexilhões, ostras, vôngoles, e outros moluscos.	Monitorar o plâncton para avaliar a presença e número de algas tóxicas. Amostragem dos moluscos bivalveos, durante e depois das marés vermelhas, para analisar a presença de toxinas. Suspensão da captura e proibição total quando as concen-

►

Doença e Agente Causador	Período de Incubação. Sinais e Sintomas. Duração da Doença. Seqüelas e Complicações	Fontes e Reservatórios	Alimentos Envolvidos na sua Transmissão	Medidas de Controle
	lábios, língua, garganta e áreas ao redor da boca, dores musculares, mal-estar gastrointestinal e tonturas. Não há relatos de seqüelas. A doença ocorre porque as brevetoxinas (existem 9 conhecidas) "cegam" os nervos e abrem os canais de íon sódio quando normalmente deveriam estar fechados.			trações de toxina assim o aconselharem. Somente se pode autorizar a captura e venda dos moluscos quando duas amostragens consecutivas mostrarem como resultado que os níveis de toxina estão abaixo dos níveis críticos.
Intoxicação amnésica por moluscos (IAM) (ASP *Amnesic Shellfish Poisoning*) causada por amnesiotoxina ou ácido domóico sintetizado pelas diatomáceas *Nitzschia pungens* (*pseudonizschia*).	Os sintomas incluem náuseas (70%), vômitos (75%), cãibras abdominais (49%), diarréia (42%), dor de cabeça (41%), perda de apetite (44%), perda do equilíbrio e tonturas (39%), e perda da memória (24%). A perda da memória recente ("pseudoalzheimer") se associa com a idade que também influencia na gravidade e na morte por este motivo. Na maioria dos casos os sintomas são fracos e desaparecem em 24 horas, mas em pacientes com idade avançada os efeitos sobre a memória podem persistir durante meses ou anos.	Os lugares onde se desenvolvem as diatomáceas de grupos envolvidos. Até a presente data, somente têm aparecido casos desta doença no Canadá e nos EUA. Parece que as diatomáceas envolvidas preferem as águas frias <10ºC.	Mexilhões, vôngoles, anchovas.	Monitoramento das diatomáceas. Procura do ácido domóico em moluscos e peixes. Proibição parcial ou total quando for recomendável.

►

Doença e Agente Causador	*Período de Incubação. Sinais e Sintomas. Duração da Doença. Seqüelas e Complicações*	*Fontes e Reservatórios*	*Alimentos Envolvidos na sua Transmissão*	*Medidas de Controle*
Ciguatera causada pelas ciguatoxinas, produzidas por algas Gambierdiscus toxicus e outras.	Os sintomas são variados. Muitos consideram a ciguatera mais como uma síndrome do que como uma doença específica, devido à multiplicidade de sintomas. Isto também sugere que mais de uma toxina estaria envolvida na sua produção. Descreveram-se por exemplo, os seguintes: sensação de picadas nos lábios, língua e garganta, dormência, dor de cabeça, dor nas articulações, tonturas, insônia, prostração, ataxia, dores musculares. Dor forte, especialmente nos braços e pernas, distúrbios na visão e dores nos olhos; sensação de amolecimento dos dentes. Aparecem também desordens da pele como eritema, reações máculo-papulosas, bolhas, sensação de ardor, perda de cabelos e unhas. Os sintomas neurológicos são muito mais pronunciados em casos graves e freqüentemente incluem uma característica muito particular de percepção inversa das temperaturas na qual os objetos frios se sentem quentes (como gelo seco ou choque elétrico) e os objetos quentes se percebem como se estivessem frios. Agravam-se progressivamente a	Algas *Gambierdiscus* que se desenvolvem em águas tropicais ou subtropicais onde há recifes de corais.	Alguns peixes como a barracuda, por exemplo, tem estado freqüentemente associados à transmissão. Mas, geralmente, os peixes maiores ou de mais idade, os peixes predadores que devoram outros menores, são os mais perigosos.	Advertir pescadores profissionais e aficionados, especialmente os turistas estrangeiros que não conhecem bem as áreas nas quais não se deve pescar. Informação geral aos consumidores e turistas sobre os peixes cujo consumo deve evitar-se. Confiscar o produto dos pescadores quando as amostras se encontram contaminadas ou quando se sabe que procedem de áreas proibidas. Monitoramento dos peixes para controlar a presença ou aumento da concentração da toxina neles.

►

Doença e Agente Causador	*Período de Incubação. Sinais e Sintomas. Duração da Doença. Seqüelas e Complicações*	*Fontes e Reservatórios*	*Alimentos Envolvidos na sua Transmissão*	*Medidas de Controle*
	falta de coordenação motora geral, a paralisia e as convulsões, terminando algumas vezes em coma e morte. A mortalidade é baixa. A maioria dos casos são resolvidos em poucos dias ou semanas. Em alguns casos graves a recuperação pode ser muito lenta, levando meses ou anos. Tem-se notado na recorrência, isto é, que alguns sintomas podem recorrer (ou seja apresentar-se novamente), estimulados pelo consumo de álcool ou ao comer peixe.			
Envenenamento escombróide. É provocado por peixes nos quais, por ação microbiana sobre o aminoácido histidina, acumula-se grande quantidade de histamina. As bactérias relacionadas são *Morganella morganii*, *Klebsiella pneumoniae*, *Hafnia alvei*, *Clostridium perfringens*.	Os sintomas aparecem de poucos minutos a uma hora após o consumo do peixe tóxico. OS principais sintomas são gosto metálico ou picante na boca, dor de cabeça muito forte, tonturas, náuseas, vômitos, inchaço e vermelhidão facial, dor epigástrica, pulsação rápida e fraca, ardor ou queimação na garganta, sede, dificuldade para deglutir, edemas, coceira intensa na pele, diarréia. Na maioria dos casos os sintomas desaparecem rapidamente e a recuperação, geralmente, se dá em 12 horas. Raramente ocorrem mortes por esta intoxicação.	Superfícies ou mãos contaminadas com as bactérias mencionadas.	Peixes com alto grau de histidina (atum, por exemplo) que não tenham recebido uma refrigeração adequada por várias horas. Não mostram sabores ou odores anormais.	Educar os pescadores para que refrigerem o mais rapidamente possível os peixes mais sensíveis. Monitorar através da análise da histamina, as espécies mais sensíveis. Aplicar o APPCC depois da pesca e para a manipulação destas espécies, até o momento da sua cocção.

Anexo 10

Sistema de Análise de Perigos, Pontos Críticos de Controle APPCC

Princípios

1. Conduzir a análise de perigos;
2. Determinar os pontos críticos de controle (PCC);
3. Estabelecer limite(s) crítico(s);
4. Estabelecer um sistema para monitorar o controle dos PCC;
5. Estabelecer ações corretivas;
6. Estabelecer procedimentos de verificação;
7. Estabelecer a documentação e sistema de registros.

(Quando o Sistema APPCC ficar padronizado em nível mundial é possível que a ordem de alguns destes princípios mude de lugar. Porém, isto não alterará fundamentalmente sua aplicação.)

Seqüência Lógica para a Aplicação do APPCC (Tarefas Sistemáticas)

1. Organizar a equipe APPCC;
2. Descrever o produto ou prato;
3. Identificar o uso esperado do prato ou produto;
4. Construir o fluxograma de circulação do prato;
5. Confirmar no local o fluxograma;

6. Preparar uma lista de todos os perigos potenciais associados a cada fase, conduzir a análise de cada perigo e considerar qualquer medida para controlar os perigos identificados;
7. Determinar os Pontos Críticos de Controle (PCC);
8. Estabelecer os limites críticos para cada PCC;
9. Estabelecer um sistema de monitorização para cada PCC;
10. Estabelecer ações corretivas para os desvios que possam ocorrer;
11. Estabelecer procedimentos de verificação;
12. Estabelecer mecanismos de documentação e registro.

EXEMPLO DE UMA FOLHA DE TRABALHO PARA APLICAR O APPCC

1. Descrever o produto ou prato e o uso esperado;
2. Fluxograma do processo de "circulação" do prato;
3. Preparar a lista:

Etapa	*Perigos B/ F/Q*	*Medidas de Controle*	*PCC*	*Limites Críticos*	*Procedimentos de Monitoramento /Freqüência /Responsável*	*Ações Corretivas/ Responsável*	*Registros*

4.Verificação (procedimento/responsável).

HACCP – EXEMPLO DE UM FLUXOGRAMA GENÉRICO PARA UM SERVIÇO DE ALIMENTAÇÃO COLETIVA

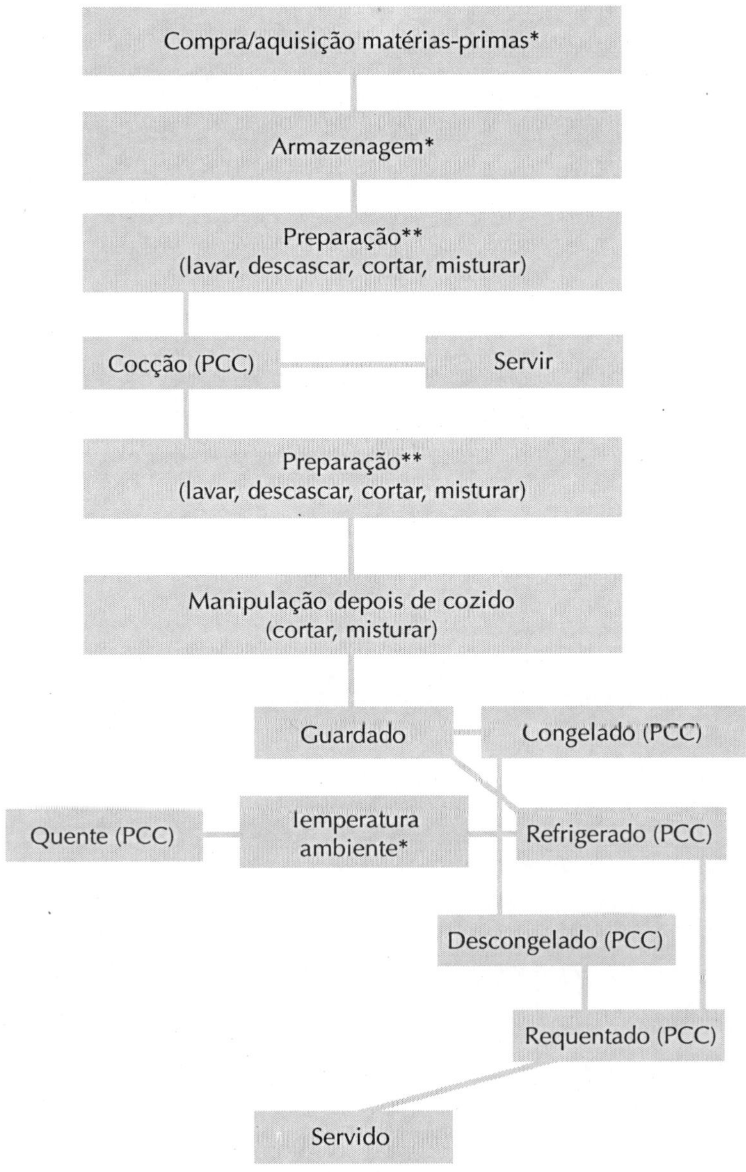

* Possibilidade de presença de perigos (contaminação, sobrevivência ou desenvolvimento).

** Possíveis perigos.

(PCC) Ponto Crítico de Controle

Anexo 11

Tabela para Pesquisa Ante um Surto de ETA

FORM. VETA 1

Entrevista Individual

A. IDENTIFICAÇÃO E ALGUMAS CARACTERÍSTICAS DA PESSOA ENTREVISTADA

1. Nome e sobrenome ....
2. Endereço .... (Rua e Número) (Bairro) (Município)
3. Idade .... 4. Sexo: ( ) feminino; ( ) masculino
5. Situação do entrevistado: ( ) hospitalizado ( ) paciente ambulatório ( ) domicílio
6. Sua relação com o surto de ETA: ( ) manipulador ( ) comensal ( ) outra .... especificar

B. SINTOMAS CLÍNICOS E DE TRATAMENTO

7. Sintomas predominantes:
   ( ) não tem apresentado nenhum sintoma ( ) náuseas ( ) vômitos ( ) diarréia ( ) febre ( ) cãibras abdominais ( ) outro .... especificar
8. Se está doente indicar o momento em que começaram os sintomas: ..... / ..... /...... .... (dia mês ano hora)
9. Se foi medicado, indicar: 9.1 nome do medicamento ....
   9.2 início do tratamento ..... /..... /...... .... (dia mês ano hora)

C. ALIMENTOS INGERIDOS CONFORME DIA, HORA E LUGAR ONDE FORAM CONSUMIDOS

Dia da ingestão	10. Alimentos ingeridos	11. Hora da Ingestão	12. Lugar e endereço onde foram consumidos
Dia do início dos sintomas			
Dois dias antes do início dos sintomas			

D. AMOSTRAS CLÍNICAS E/OU ALIMENTOS E/OU SUPERFÍCIE AMBIENTAL ENVIADAS E RESULTADOS DE LABORATÓRIO

13. Amostra	14. Enviada Não Sim	15. Agente etiológico detectado	16. Recontagem	17. Interpretação
Fezes	....	....	....	....
Vômitos	....	....	....	....
Sangue	....	....	....	....
Restos de alimento	....	....	....	....

18. Data ..... /..... /...... (dia mês ano) Responsável ....

INSTRUÇÃO

Entrevista Individual de Pessoas Vinculadas a um Surto de ETA

FORM. VETA 1

I. OBJETIVO

Registrar uma série de dados provenientes de pessoas expostas, entrevistadas com a finalidade de caracterizar o surto de ETA, para tratar de identificar o alimento que o transmitiu e o agente etiológico, mediante a determinação do comportamento de diversas variáveis relacionadas com o referido surto, tais como: momento provável de ingestão, período de incubação, curva epidêmica entre as pessoas que consumiram diversos alimentos em um evento em comum, se adoeceram ou não, assim como se consumiram ou não o alimento suspeito; permite também contar com a cronologia do surto, informação das amostras coletadas, resultados dos exames realizados e interpretação dos mesmos.

II. PROCEDIMENTO OPERACIONAL

- Responsável: o pessoal da epidemiologia, tanto do preenchimento do formulário como do processamento e interpretação da informação contida no FORM. VETA 1;
- Número de exemplares: original;
- Periodicidade: este formulário deve ser utilizado toda vez que haja um surto de ETA, e quando não se tem nenhuma hipótese em relação ao alimento que o provocou;
- Destino: depois de analisado, o formulário deve ir para o arquivo do setor de epidemiologia, do Serviço de Saúde que realizou a pesquisa do surto de ETA.

III. CONTEÚDO

A. Identificação e Algumas Características da Pessoa Entrevistada

"1"	Anotar o nome e sobrenome da pessoa entrevistada.
"2" ao "4"	Auto-explicativos.
"5"	Marcar um "X" nos parênteses correspondentes se a pessoa é entrevistada enquanto está hospitalizada, em tratamento no ambulatório ou na sua casa.

"6" Marcar um "X" nos parênteses correspondentes, para indicar que se trata de um manipulador de alimentos ou um comensal. Se a relação é outra, marcar nos parênteses de "outra" e especificar na linha pontilhada.

B. Sintomas Clínicos e Tratamento

"7" Se a pessoa entrevistada tem estado aparentemente sadia dentro das 72 horas anteriores à entrevista marcar um "X" dentro dos parênteses que identificam a resposta "não tem apresentado nenhum sintoma"; caso contrário, marcar um "X" dentro de cada um dos respectivos parênteses. Se apresenta outros sintoma(s) marcar nos parênteses de "outro" e especificar qual(ais).

"8" Auto explicativo.

"9" Preencher 9.1 e 9.2. Auto-explicativo em cada caso.

C. Alimentos Ingeridos Conforme Dia, Hora e Lugar Onde Foram Consumidos

"10" Listar os alimentos consumidos.

"11" e "12" Auto-explicativos.

D. Amostras Clínicas e/ou Alimentos e/ou Superfície Ambiente Enviadas e Resultados do Laboratório

Nota: esta seção deve ser utilizada para registrar a informação de se foram enviadas ou não, amostras para o laboratório e que tipo de amostra. Posteriormente serve para anotar os resultados do laboratório.

"13" Corresponde ao tipo de amostra; se a amostra que se pretende enviar não aparece na lista, deve-se especificar utilizando a linha pontilhada.

"14" Auto-explicativo.

"15" ao "17" Copiar os resultados provenientes do exame do laboratório em relação ao agente etiológico e à quantidade detectada, assim como a interpretação dada pelo laboratório.

"18" e "19" Auto-explicativos.

INSTRUÇÃO

REGISTRO COLETIVO

FORM. VETA 2

REGISTRO COLETIVO

(Identificação da Instituição de Saúde)														
Nome e Endereço do Local:														
Nº	Pessoa					Sintomas							Exame de laboratório	
	Nome comensais (sadios ou doentes)	Doente	Atenção	Idade	Sexo M/F	Tempo sintomas	Incubação	Náuseas	Vômitos	Dores abd.	Diarréia	Febre	Espécies	Data
Alimentos Ingeridos — Nº														
Nº														
Nº														
Nº														
Nº														
Nº														
Nº														

Data: ____________________ Responsável: ________________________________

I. Objetivo

Registrar uma série de dados provenientes de várias pessoas expostas, as que são entrevistadas com a finalidade de caracterizar o surto de ETA. O formulário VETA 2 recolhe informação similar ao formulário VETA 1, mas de forma coletiva.

II. Procedimento

- *Responsável*: o pessoal de epidemiologia, tanto do preenchimento do formulário como do processamento e interpretação;
- *Número de exemplares*: original;
- *Periodicidade*: cada vez que haja um surto de ETA;
- *Destino*: depois de analisado é arquivado no escritório de epidemiologia do Serviço de Saúde que agiu no surto de ETA.

III. Conteúdo

"1"	Identificar o lugar onde começou o surto.
"2"	Colocar o nome da pessoa sadia ou doente que foi comensal do surto. Indicar se está doente, se foi atendido, idade e sexo.
"3"	Indicar por cada pessoa o tempo do surgimento dos sintomas (em horas e minutos), o período de incubação (horas e dias) e o tipo de sintoma, segundo está indicado em cada coluna.
"4"	No caso de que se tenha enviado material para o laboratório indicar tipo e data do mesmo (copiar o FORM.VETA 3).
"5"	Para cada pessoa intentar indicar o tipo de alimento que consumiu conferindo-lhe o número que corresponde.
"6" e "7"	Auto-explicativos.

INSTRUÇÃO

AMOSTRAS COLETADAS DE UM SURTO DE ETA E RESULTADOS DO LABORATÓRIO

FORM. VETA 3

RELATÓRIO DE COLETAS DE AMOSTRAS

A. IDENTIFICAÇÃO DO SURTO

1. Especificar o local (casa, restaurante, etc.) e endereço onde ocorreu o surto ....

....
(Rua e número) (Bairro) (Município)

B. AMOSTRA A EXAMINAR

2. Tipo de amostra: ( ) clínica humana; ( ) restos de alimento; ( ) superfície ambiental

C. AMOSTRA CLÍNICA HUMANA

3. Nome e sobrenome: ....

4. Sintomas predominantes:
( ) não tem apresentado nenhum problema ( ) náuseas ( ) diarréia ( ) cãibras abdominais
( ) vômitos ( ) febre ( )outro .... especificar

5. Se recebeu medicação indicar:
5.1 Nome do(s) medicamento(s) ....
5.2 Início do tratamento: ..... /..... /..... .... (dia mês ano horário)

6. Diagnóstico clínico provável ....

7. Análise solicitada ....

8. Resultado do exame de laboratório

8.1 Amostra examinada	8.2 Agente etiológico	8.3 Concentração	8.4 Interpretação

D. AMOSTRAS DE RESTOS DE ALIMENTOS OU SUPERFÍCIE AMBIENTAL

9. Identificação da amostra a ser examinada ....

10. Se é alimento, indicar: 10.1 Marca .... 10.2 Lote ....

11. Análise solicitada

12. Resultado do exame do laboratório

12.1 Amostra examinada	12.2 Agente etiológico	12.3 Concentração	12.4 Interpretação

E. CONTROLE E GESTÃO DAS AMOSTRAS E RESULTADOS

Amostras e resultados	Dia	Mês	Ano	Hora	Responsável
13. Amostra recolhida					
14. Envio ao laboratório					
15. Chegada ao laboratório					
16. Finalização do exame					
17. Retorno do FORM. VETA 3					

Nota: Se deseja fazer comentários adicionais utilizar o verso deste formulário

I. Objetivo

Registrar a informação que deve orientar o exame das amostras que são enviadas ao laboratório, tanto clínicas humanas, como de alimentos ou de superfícies ambientais (de utensílios, tábua de cortar, lugar onde se armazenam os alimentos, etc.). Também serve para esvaziar os resultados do laboratório e para manter o controle da respectiva gestão, desde o momento em que se recolhem as amostras até a retirada de resultados pela pessoa que iniciou esta atividade.

II. Procedimentos Operacionais

- *Responsável*: o pessoal da epidemiologia deve preencher este formulário para que acompanhe as amostras enviadas ao laboratório, do número "1" ao "8.1" se forem amostras clínicas de origem humana; se além disso se enviam restos de alimentos e/ou superfície ambiental, preencher do "9" ao "12.1". Em qualquer caso se finaliza com "13" e "14". Somente se completa o número "17" no momento de receber os resultados do laboratório.

O pessoal do laboratório deve começar preenchendo o número "15" com a chegada da amostra, prosseguir com "8" (a partir de "8.2") e/ou "12" (a partir de "12.2") com os resultados encontrados, dependendo do tipo de amostra; finalizar com "16". Se o pessoal do laboratório tem algum comentário adicional esclarecedor pode utilizar o verso do mesmo formulário.

- *Número de exemplares*: original e cópia;
- *Periodicidade*: este formulário deve ser utilizado cada vez que se enviam amostras ao laboratório procedentes de um surto de ETA. O original e a cópia devem ser enviados ao laboratório junto com a(s) amostra(s). O laboratório deve devolver o original com os resultados encontrados e reter uma cópia. O original finalmente deve ser arquivado no arquivo de epidemiologia; a cópia no arquivo próprio do laboratório.

III. Conteúdo

A. Identificação do Surto

"1" Anotar se se trata de uma casa particular ou o nome da escola, hospital, hotel, restaurante, clube, ou qualquer outro lugar onde foi consumido o alimento envolvido no surto de ETA e o endereço de onde se localiza o local.

B. Amostra a Examinar

"2" Marcar um "x" nos parênteses de acordo com os tipo(s) de amostra(s) que esteja(m) enviando-se ao laboratório.

C. Amostra Clínica de Origem Humana

"3" Auto-explicativo.

"4" Copiar dados do FORM.VETA 1:"7".

"5" Preencher "5.1" e "5.2". Copiar dados do FORM.VETA 1:"9.1" e "9.2".

"6" e "7" A pessoa responsável do envio da amostra deve anotar o diagnóstico clínico provável e o exame solicitado, ajudando a orientar a pessoa que vai realizar os exames de laboratório; desta forma, em grande número de casos, é possível economizar recursos físicos, humanos e de tempo, que são extremamente importantes para o laboratório.

"8" O número "8.1" deve ser preenchido pela pessoa responsável pelo envio da amostra, especificando o tipo, tal como: fezes, vômitos, sangue.

Os espaços "8.2" ao "8.4" estão disponíveis para que os resultados dos exames sejam anotados pela pessoa que os realizou.

D. Amostras de Restos de Alimento ou Superfície Ambiental

"9" Deve ser preenchido com a informação referente ao surto que se está pesquisando, anotando o número que identifica o FORM. VETA 2 ou o FORM.VETA 3 de onde provêm as amostras, o mesmo deve fazer parte da identificação dada às amostras, para que não se preste a confusão.

"10" Preencher "12.1" e "12.2". Auto-explicativo em cada caso.

"11" Deve-se utilizar o mesmo critério que no número "7"; a pessoa responsável pelo envio da amostra deve anotar o exame que deseja.

"12" O número "12.1" deve ser preenchido pela pessoa responsável pelo envio do material, especificando o tipo, tal como: leite, amostra de tábua de cortar, etc.

Os espaços do "12.2" ao "12.4" estão disponíveis para que os resultados dos exames sejam anotados pela pessoa que os realizou.

"13" e "14" Auto-explicativos, preenchidos antes de enviar a(s) amostra(s) ao laboratório.

"15" Auto-explicativo, preenchido pela pessoa que recebe a amostra, no momento da sua chegada.

"16" Auto-explicativo, preenchido pela pessoa que realiza o exame do laboratório, no momento da sua finalização.

"17" Auto-explicativo, no momento de receber os resultados, pela pessoa que deu início a esta atividade.

Instruções

Estado de Saúde de Manipuladores de Alimento Incriminados em um Surto de ETA

FORM. VETA 4

REGISTRO DE MANIPULADORES DE ALIMENTOS EM UM SURTO DE ETA

A. DADOS SOBRE O SURTO DE ETA QUE MOTIVOU A PRESENTE PESQUISA

1. Instituição que realizou a pesquisa .... 2. Data de início .... 3. Alimento incriminado ....

B. INFORMAÇÃO SOBRE O ESTADO DE SAÚDE DOS MANIPULADORES DO ALIMENTO INCRIMINADO

Nº	4. Nome e sobrenome	5. Estado de saúde aparente		6. Doença de que padece			7. Tipo de amostra	8. Dispensa do trabalho		
		Sadio	Doente	Digestiva	Pele	Respiratória		Não	Sim	Causa

C. OBSERVAÇÕES DE INTERESSE EPIDEMIOLÓGICO ....
....
....
....

9. Data ..... /..... /......
dia mês ano

Responsável: ....

I. Objetivo

Registrar o estado de saúde das pessoas que participaram no curso ou processamento, distribuição, armazenagem ou transporte do alimento incriminado pelo surto de ETA que se está investigando. É muito importante conhecer se os manipuladores estão afetados por lesões na pele, tais como pústulas, furúnculos, feridas ou queimaduras infectadas e sua localização. Esta atividade complementa a investigação do surto de ETA. Se possível se devem obter amostras tais como: secreções de orofaringe, nariz, lesões cutâneas, fezes, dependendo da hipótese levantada em relação com a contaminação do alimento incriminado pelo surto de ETA.

II. Procedimento Operacional

- *Responsável*: o pessoal da epidemiologia que realiza a investigação do surto de ETA;
- *Número de exemplares*: original;
- *Periodicidade*: este formulário deve ser utilizado cada vez que ocorra um surto de ETA, para ajudar a determinar a possível fonte de contaminação;
- *Destino*: depois de analisado, o formulário deve permanecer no arquivo de epidemiologia, do serviço de saúde que realiza a investigação do surto de ETA.

III. Conteúdo

A. Dados sobre o Surto de ETA Motivo desta Investigação

"1" Anotar o nome da empresa onde se realiza a investigação, independentemente do seu tamanho ou do número de manipuladores que nela trabalham.

"2" Anotar a data em que se iniciou o surto de ETA.

"3" Auto-explicativo.

B. Informação sobre o Estado de Saúde dos Manipuladores do Alimento Incriminado

Nota: cada linha de pontos está destinada a registrar a informação pertencente a cada um dos manipuladores que trabalham na empresa visitada, independentemente de estarem presentes ou ausentes nesse momento. Por este motivo, deve-se solicitar à pessoa responsável a relação das pessoas que manipularam o alimento incriminado procedendo a anotar seus nomes e sobrenomes.

"4" Auto-explicativo.

Para poder preencher esta coluna é necessário perguntar à pessoa se tem estado aparentemente sadia dentro das últimas 72 horas anteriores ao início do surto que originou esta investigação. De acordo com a resposta marcar um "x" no respectivo espaço.

"6" Se o manipulador está trabalhando e padece de alguma doença que possa ser classificada dentro de uma das três colunas, especificar na coluna correspondente.

"7" Anotar o tipo de amostra que se envia ao laboratório de diagnóstico.

"8" Marcar um "x" no espaço correspondente em "Não" se está presente e "Sim" em caso de ausência, no espaço correspondente.

"9" e "10" Auto-explicativos.

Nota: este anexo se obteve da publicação *Guía para el establecimiento de sistemas de vigilancia epidemiológica de enfermedades transmitidas por alimentos* (VETA) *y la investigación de brotes de toxi-infecciones alimentarias*. GUIA VETA. HPV/FOS/103/93. POS/OMS. Buenos Aires, 1993. 120 p. (A publicação não consigna direitos autorais com a finalidade de multiplicar a contribuição da mesma e facilitar sua aplicação).

Anexo 12

Saúde dos Viajantes no Estrangeiro

Organização Mundial do Turismo

As viagens ao estrangeiro podem constituir uma fuga estimulante e saudável da rotina e das tensões diárias. Mas, às vezes, mesmo a viagem melhor planejada pode arruinar-se por culpa de uma doença ou de um acidente. Porém, muitos desses problemas podem ser evitados com a adoção de medidas preventivas simples e com informação adequada sobre a forma de agir em caso de doença ou acidente. Em seguida mencionamos alguns conselhos destinados a ajudá-lo a desfrutar da sua estada no estrangeiro. Solicitamos que leia com atenção o presente folheto e que siga os conselhos aplicáveis à sua situação.

- Peça informação à sua agência de viagens ou ao seu médico sobre a situação sanitária do seu lugar de destino e sobre a conveniência de tomar alguma precaução especial. Solicite documentação adequada, como a publicação anual da Organização Mundial da Saúde (OMS) *Viagens internacionais e saúde*;
- É possível que o seu atual seguro médico, assistência em viagens de carro ou o seguro social cubram os gastos médicos que possam ocorrer na viagem. Verifique, e se necessário, faça um seguro de saúde complementar para cobrir gastos de qualquer possível ocorrência médica no estrangeiro;

- Estude as condições da sua apólice de seguro em relação às doenças anteriores à sua contratação, gravidez, deficiência, idade avançada e atividades especiais (como motociclismo, montanhismo ou mergulho) para assegurar-se de que conta com uma cobertura suficiente;
- Informe-se se seu seguro médico no estrangeiro lhe dá direito a reembolso imediato. Se não for assim, esteja preparado para cobrir os gastos de qualquer ocorrência médica até receber o reembolso depois de regressar ao seu país;
- Certifique-se de que possui as vacinas exigidas ou recomendadas para o lugar de destino e, se for o caso, leve meios de proteção contra as picadas de insetos, medicamentos contra a malária e comprimidos de iodo ou de cloro para tratar a água de beber;
- Prepare calçados e vestimentas adequadas: camisas ou blusas de manga longa para proteger-se das picadas dos pernilongos ao entardecer e calças e meias de cores claras;
- Leve algum meio de identificação no qual figure seu grupo sangüíneo e outras informações médicas sobre sua saúde, para receber atenção adequada em caso de emergência;
- Se utiliza normalmente alguma medicação especial, leve a quantidade suficiente para a viagem e também uma carta ou receita do seu médico com a indicação do nome genérico do medicamento;
- Com relação a possíveis contatos sexuais, procure levar também uma quantidade suficiente de preservativos;
- Se usa óculos ou lentes de contato, leve um par de reserva e, no caso das lentes de contato, o material e a solução limpadora que utilizará durante sua permanência;
- Se sofre de deficiência motora, auditiva ou visual, talvez seja conveniente avisar à empresa aérea, à operadora turística ou no hotel caso necessite de atenção especial;
- Não saia sem resolver os problemas de saúde que tenha pendentes, especialmente as cirurgias e os tratamentos odontológicos que possa necessitar.

Conselhos de Saúde para Viagens Aéreas

- Quando percorrer longas distâncias em avião, para amenizar os efeitos do fuso horário, trate de descansar antes da saída e de dormir no avião se possível; tome muito líquido e evite as bebidas alcoólicas no vôo, e ajuste o horário das refeições ao do seu lugar de destino;

- Para evitar problemas circulatórios, especialmente nas pernas, acomode-se de forma que a poltrona ou a bagagem de mão não atrapalhem a circulação. Esfregue as pernas e faça um passeio pelo avião quando for possível;
- Dado que as viagens nos aviões modernos causam estresse, que pode diminuir sua resistência à doença e transtornar seu sono e sua alimentação, procure descansar periodicamente depois da chegada - especialmente se atravessou vários fusos horários - mas não durma à tarde e tente dormir no horário normal no lugar de destino.

Informações do Turista à Chegada

Quando solicitar informações sobre as atrações e os costumes locais, não se esqueça de perguntar também pelos serviços médicos disponíveis para os turistas e os números de telefone dos serviços médicos de urgência.

Higiene Alimentícia

A higiene alimentícia nas viagens, principalmente quando se desconhece a origem dos alimentos, requer a observância de algumas precauções pessoais básicas, entre elas as seguintes:

- Se não tem completa garantia de salubridade da água, não a beba sem ferver ou sem desinfetá-la com comprimidos desinfetantes confiáveis de ação prolongada;
- Não consuma gelo, a não ser que seja de água potável;
- As bebidas quentes, como o chá e o café, costumam ser confiáveis, o mesmo se pode dizer do vinho, da cerveja e das bebidas gasosas engarrafadas;
- Não consuma leite sem pasteurizar salvo que o ferva antes de tomar;
- Se costuma consumir sorvete, verifique se procede de fontes confiáveis e assegure-se da higiene do lugar onde o vendem;
- Não consuma alimentos sem cozinhar (especialmente carne ou peixe cru), salvo as frutas e as hortaliças que se podem descascar.

Não consuma frutas que tenham a pele machucada. Lembre-se do lema "cozinhe-o, descasque-o ou deixe-o";

- No caso de alimentos cozidos, verifique que a comida tenha sido suficientemente cozida há pouco tempo, ou seja, que ainda esteja quente. A comida cozida e mantida à temperatura ambiente durante algum tempo apresenta um dos maiores riscos de transmissão de doenças;
- Em determinadas épocas do ano, alguns peixes e mariscos contêm biotoxinas venenosas, mesmo estando bem cozidos. Peça informação às autoridades públicas de saúde da localidade.

A Precaução e a Moderação São Rentáveis

- Não caminhe descalço por áreas desconhecidas e esteja sempre calçado para proteger-se de feridas e de infeções;
- Se está em um país tropical, utilize somente piscinas com águas cloradas. Não caia na armadilha de se refrescar com água que possa estar infectada com larvas que causam esquistossomose;
- Evite picadas de insetos e cobras, utilize roupas grossas e use mangas longas, calças compridas e calçado adequado. Utilize inseticidas e repelentes, hospede-se em habitações devidamente protegidas e durma sob mosquiteiros. Não se deve acreditar que as habitações com ar condicionado estão livres de pernilongos, por isso, em caso de dúvida, deverá tomar as medidas de proteção adequadas;
- Em lugares de grande altitude, modere sua atividade física;
- Evite o calor e o frio excessivo e faça uso adequado do ar condicionado. Preste atenção aos perigos dos banhos prolongados, use óculos de sol, especialmente na praia, no mar e em regiões nevadas;
- Cuide muito da sua higiene pessoal. É essencial lavar as mãos com sabonete antes das refeições e depois de utilizar o banheiro. Em países tropicais troque de roupa e tome banho pelo menos uma vez ao dia;
- Assegure-se de estar em forma o suficiente como para praticar algum esporte, principalmente depois de períodos longos de inatividade física, e verifique a segurança dos equipamentos e instalações.

NÃO PROVOQUE ACIDENTES

- Não esqueça as normas de segurança e observe-as em qualquer lugar em que se encontre, mesmo se no lugar de destino pecam pela falta de rigor;
- Dirija cuidadosamente, respeite os limites de velocidade e utilize os cintos de segurança e as cadeiras especiais para crianças, mesmo que a lei não o exija. Não beba bebidas alcoólicas nem tome determinados medicamentos antes de dirigir ou enquanto dirige, pare freqüentemente ou durma um pouco se estiver cansado;
- Respeite estritamente os semáforos, seja como condutor ou como pedestre;
- Utilize capacetes protetores ao andar de bicicleta ou de moto;
- Procure não nadar sozinho ou mergulhar em águas de profundidade desconhecida. Se entrar no mar, em rios ou lagos esteja atento às correntes perigosas e às áreas contaminadas. Informe-se da existência de tubarões, medusas venenosas, corais, etc;
- Utilize com cuidado os aparelhos elétricos e somente para o uso previsto.

COMO PREVENIR CERTOS PROBLEMAS DE SAÚDE E COMO COMPORTAR-SE QUANDO SE APRESENTAM

- As doenças diarréicas são as doenças mais freqüentes entre os viajantes. A melhor forma de proteger-se delas é observar as normas de higiene alimentar e prestar a devida atenção às comidas e bebidas. Não obstante, se ocorrer uma doença desse tipo, procure ingerir muito líquido para evitar a desidratação;
- Pode proteger-se contra a hepatite A mediante aplicação da vacina HAV. Para assegurar-se uma boa proteção, a vacina deve ser tomada pelo menos um mês antes de visitar uma área endêmica nessa doença;
- A malária pode ser um risco importante ao visitar um país tropical. A primeira defesa é se proteger das picadas de insetos, utilizar mosquiteiros, papéis com cola e repelentes. Informe-se se é necessário uma medicação contra a malária e, em caso afirmativo, que medicamento e que dose se deve tomar, observando uma regularidade rigorosa;

- As doenças sexualmente transmissíveis, inclusive a AIDS, podem ser evitadas principalmente observando uma conduta prudente. Evite os contatos sexuais fortuitos e lembre-se de que a utilização de preservativo reduz de forma considerável o risco de contrair essas doenças;
- Se for necessária uma transfusão de sangue, verifique que o sangue doador tenha sido testado contra o vírus da AIDS, a hepatite B e outras infeções ou o doenças transmissíveis pelo intercâmbio sangüíneo. Se padece de uma doença como o diabete, que exija injeções, leve as agulhas ou seringas descartáveis necessárias, sem esquecer a receita ou um certificado do seu médico indicando que as necessita;
- Para prevenir o risco de infeções sangüíneas de todo tipo, também é importante evitar, a menos que os instrumentos utilizados tenham sido esterilizados adequadamente:
  - O consumo de fármacos intravenosos e o uso compartido de seringas;
  - A tatuagem, a acupuntura ou a perfuração de orelhas que requerem o uso de instrumentos com ponta;
  - Todo tipo de intervenção dental.
- Levar drogas ilícitas durante a viagem pode prejudicar sua saúde da mesma forma que no seu país; não as leve e não experimente as novas drogas que lhe possam oferecer durante a sua viagem;
- Em certas áreas são freqüentes infeções oculares; se observa irritação ou secreção nos olhos não utilize lentes de contato e procure um tratamento médico.

O Que Fazer em Caso de Doença ou Acidente

- Entre em contato com seu hotel ou embaixada, ali obterá informação sobre serviços médicos de urgência e uma lista dos médicos locais, alguns dos quais talvez falem a língua que você conhece;
- Se viaja em grupo, informe o agente e peça que entre em contato com o representante local para requerer sua assistência;
- Guarde todas as faturas de tratamento médico a fim de apresentálas ao seu seguro médico;
- Se você adoecer, não esqueça de informar seu médico sobre o lugar que visitou;

- Continue com a medicação contra a malária durante o período indicado, depois do seu regresso. Como não existe medicamento preventivo totalmente seguro, procure rapidamente os cuidados médicos necessários se tem febre e consulte seu médico sobre a possibilidade de ter contraído malária;
- Se seguiu um tratamento médico no estrangeiro, apresente ao seu seguro médico a correspondente solicitação de reembolso.

Anexo 13

Guia sobre

ALIMENTOS INÓCUOS PARA OS VIAJANTES

Como evitar as enfermidades transmitidas por alimentos e bebidas em más condições e o que fazer em caso de diarréia.

Organização Mundial da Saúde

ANTES DE COMEÇAR A VIAGEM

- Consulte seu médico para saber a quais doenças poderá estar exposto e se há necessidade de receber vacinas ou outras medidas de prevenção.
- Não esqueça de levar sais de reidratação oral (SRO) e produtos para desinfetar a água.

COMER COM CUIDADO

As seguintes recomendações aplicam-se a todos os casos, desde os vendedores de alimentos na rua aos bons restaurantes de hotéis:

- A comida já cozida e mantida à temperatura ambiente durante várias horas representa um dos maiores riscos de contrair uma doença de origem alimentar. Garanta-se de que a comida está perfeitamente cozida e ainda quente, quando for servida.
- Evite os alimentos crus, exceto as frutas e verduras que podem ser descascadas. Evite as frutas com a casca machucada. Lembre-se do ditado: "Cozinhe-o, descasque-o ou deixe-o".
- Os ovos crus ou insuficientemente cozidos, ou as preparações caseiras que os contêm, como a maionese, alguns molhos (por exemplo: o holandês), e algumas sobremesas (por exemplo, os cremes batidos) podem ser perigosos.
- Os sorvetes de procedência duvidosa freqüentemente estão contaminados e podem produzir doenças. Em caso de dúvida, evite-os.
- Em alguns países os peixes e mariscos de algumas espécies podem conter toxinas, mesmo se estiverem bem cozidos. Peça a opinião dos habitantes do lugar.
- O leite não pasteurizado dever ser fervido antes de ser consumido.
- Quando a salubridade da água de beber for duvidosa, deve-se fervê-la, ou, se não for possível, adicione um desinfetante confiável de ação lenta. Em geral estes produtos podem ser adquiridos nas farmácias.
- Evite consumir gelo, a menos que esteja seguro de que foi feito com água potável.
- As bebidas como o chá e café quentes, o vinho, a cerveja, as bebidas gasosas e os sucos de fruta engarrafados, em geral, são inócuos.

O QUE FAZER EM CASO DE DIARRÉIA

- A maior parte dos ataques de diarréia remite espontaneamente em poucos dias, o importante é evitar a desidratação.
- Logo que começa a diarréia, beba mais líquidos, por exemplo água engarrafada, fervida ou tratada, e chá claro. Também poderá tomar sucos de frutas (diluídos em água potável) ou sopa. Se a diarréia dura mais de um dia, prepare e beba uma solução de SRO[1] e continue comendo normalmente.

Quantidades de líquido ou de SRO que se deve beber:	
Crianças menores de 2 anos	1/4 – 1/2 xícara (50-100mL) depois de cada evacuação
De 2 a 10 anos	1/2 a 1 xícara (100-200mL) depois de cada evacuação
Crianças de mais idade e adultos:	quantidades ilimitadas

Consulte um médico se: a diarréia durar mais de 3 dias e/ou se tiver deposições muito freqüentes ou sangue nas fezes, vômitos repetidos ou febre.

- Quando for impossível consultar médico e se houver sangue nas fezes, tome cotrimoxazol durante 5 dias.[2]
- Não é recomendável o uso profiláctico de antibióticos. Mesmo que os antidiarréicos não sejam recomendados (como a loperamida) podem-se tomar, além dos líquidos, mas somente pelos adultos e apenas para aliviar os sintomas. Não devem ser administrados às crianças.
- Em caso de haver outros sintomas, consulte um médico.

[1] Se não for possível obter uma solução de SRO, utilize a medida de uma colher de sobremesa de açúcar e uma colher rasa de sal para um litro de água potável.

[2] Doses de cotrimoxazol (trimetoprima, sulfametoxazol):
Adulto: 160mg de trimetoprima e 800mg de sulfametoxazol, duas vezes ao dia, durante 5 dias.
Crianças: 5mg de trimetoprima e 25mg de sulfametoxazol por kg de peso corpóreo, duas vezes ao dia, durante 5 dias.

Quando se viaja, por lazer, a negócios ou por qualquer outro motivo, os alimentos e bebidas contaminados, representam com freqüência uma grave ameaça para a saúde. A diarréia de modo particular afeta um grande número de viajantes. A dor física e o desconforto, unidos à dificuldade de conseguir tratamento médio adequado, principalmente quando existe a barreira do idioma, podem estragar uma viagem.

Neste folheto estão alguns conselhos práticos e algumas indicações básicas sobre as formas de evitar os transtornos causados por alimentos em más condições e sobre o que deve ser feito em caso de diarréia.

A observância dos conselhos dados no presente folheto é particularmente importante para grupos vulneráveis, como os lactentes e crianças pequenas, as pessoas idosas e as gestantes e as pessoas imunodeprimidas.

Este folheto foi preparado pelos programas de Inocuidade dos Alimentos e de Luta contra as Enfermidades Diarréicas da Organização Mundial da Saúde

Este folheto conta com o apoio da Organização Mundial do Turismo e da Associação para a Saúde dos Turistas

Anexo14

"Regras de Ouro" da OMS para a Preparação Higiênica dos Alimentos

1. Escolher Alimentos Tratados com Fins Higiênicos

Enquanto muitos alimentos são melhores em estado natural (por exemplo, as frutas e hortaliças), outros são seguros somente quando tratados. Assim, é conveniente sempre adquirir o leite pasteurizado em vez de cru e, se possível, comprar frangos (frescos ou congelados) que tenham sido tratados com irradiação ionizante. Ao fazer as compras se deve ter presente que os alimentos não se tratam somente, para que se conservem melhor, mas, também, para que sejam mais seguros do ponto de vista sanitário. Alguns dos que se comem crus, como as alfaces, devem ser lavados cuidadosamente.

2. Cozinhar Muito Bem os Alimentos

Muitos alimentos crus (particularmente, os frangos, a carne e leite não pasteurizado) freqüentemente estão contaminados por agentes patogênicos. Eles podem ser eliminados cozinhando muito bem os alimentos. Mas, não se deve esquecer que a temperatura utilizada deve chegar a pelo menos a 70°C em toda a sua massa. Se o frango ainda está cru junto ao osso, deve-se colocar novamente no forno até que esteja bem cozido. Os alimentos congelados (carne, peixe e frango) devem ser totalmente descongelados antes de cozinhá-los.

3. Consumir Imediatamente os Alimentos Cozidos

Quando os alimentos cozidos se esfriam à temperatura ambiente, os micróbios começam a proliferar. Quanto maior a espera, maior é o risco. Para não correr riscos inúteis, é conveniente comer os alimentos imediatamente depois de cozidos.

4. Guardar Cuidadosamente os Alimentos Cozidos

Caso se queira ter uma reserva de alimentos cozidos ou, simplesmente, guardar as sobras, deve-se prever sua armazenagem em condições de calor (aproximadamente ou a mais de 60°C) ou de frio (aproximadamente ou a menos de 10°C). Esta regra é vital quando se pretende guardar comida durante mais de quatro ou cinco horas. No caso de alimentos para lactentes, o melhor é não guardá-los nem pouco e nem muito. Um erro muito comum, aos quais se devem incontáveis casos de intoxicação alimentar, é colocar na geladeira uma quantidade excessiva de alimentos quentes. É um refrigerador abarrotado, os alimentos cozidos não podem esfriar tão rápido como seria desejável. Se a parte central do alimento continua quente (a mais de 10°C) por muito tempo, os micróbios proliferam e alcançam rapidamente uma concentração susceptível de causar doenças.

5. Requentar Bem os Alimentos Cozidos

Esta regra é a melhor medida de proteção contra os micróbios que possam ter proliferado durante a armazenagem (uma armazenagem correta atrasa a proliferação microbiana mas não destrói os germes). Também neste caso, requentar bem significa que todas as partes do alimento alcancem ao menos uma temperatura de 70°C.

6. Evitar o Contato Entre os Alimentos Crus e os Cozidos

Um alimento bem cozido pode contaminar-se ao menor contato com alimentos crus. Esta contaminação cruzada pode ser direta, como acontece quando a carne crua do frango entra em contato com alimentos cozidos. Mas também pode ser sutil. Assim, por exemplo, não se deve jamais preparar um frango cru e utilizar depois a mesma tábua de cortar e a mesma faca, para cortar a ave cozinhada; do contrário, poderiam reaparecer todos os possíveis riscos de proliferação microbiana e de doença conseqüente, que existiam antes de cozinhar o frango.

7. Lavar as Mãos Freqüentemente

Devem-se lavar bem as mãos antes de começar a preparar os alimentos e depois de qualquer interrupção (particularmente, se for para trocar as fraldas de uma criança ou para ir ao banheiro). Após ter preparado alguns certos alimentos crus, tais como peixe, carne ou frango, é preciso lavar as mãos novamente antes de manipular outros produtos alimentícios. No caso de infecção das mãos, devem ser cobertas antes de entrar em contato com alimentos. Não se deve esquecer que certos animais domésticos (como cachorros, pássaros, e principalmente tartarugas) freqüentemente albergam agentes patogênicos perigosos que podem passar para as mãos das pessoas e destas para os alimentos.

8. Manter Escrupulosamente Limpas Todas as Superfícies da Cozinha

Como os alimentos se contaminam facilmente, é conveniente manter perfeitamente limpas todas as superfícies utilizadas para prepará-los. Não se deve esquecer que qualquer resto, migalha ou mancha pode ser um reservatório de germes. Os panos que entrem em contato com pratos ou utensílios devem ser trocados diariamente e devem ser fervidos antes de usá-los novamente. Também devem lavar-se freqüentemente os panos de lavar os pisos.

9. Manter os Alimentos Fora do Alcance de Insetos, Roedores e Outros Animais

Os animais costumam transportar microrganismos patogênicos que originam doenças alimentícias. A melhor forma de proteção é guardar os alimentos em recipientes bem fechados.

10. Utilizar Água Pura

A água pura é muito importante na preparação dos alimentos. Se o fornecimento de água não inspira confiança, é conveniente ferver a água antes de adicioná-la aos alimentos ou de transformá-la em gelo para refrescar as bebidas. É importante, principalmente, ter cuidado com a água utilizada para preparar a comida dos lactentes.

A Organização Mundial da Saúde estima que as doenças causadas por alimentos contaminados constituem um dos problemas sanitários mais difundidos no mundo atualmente. Proteja a sua família mediante estas regras simples. Aplicando-as, reduzirá sensivelmente o risco que implicam as doenças de origem alimentícia.